FLEISCH
so geht's!

FLEISCH
so geht's!

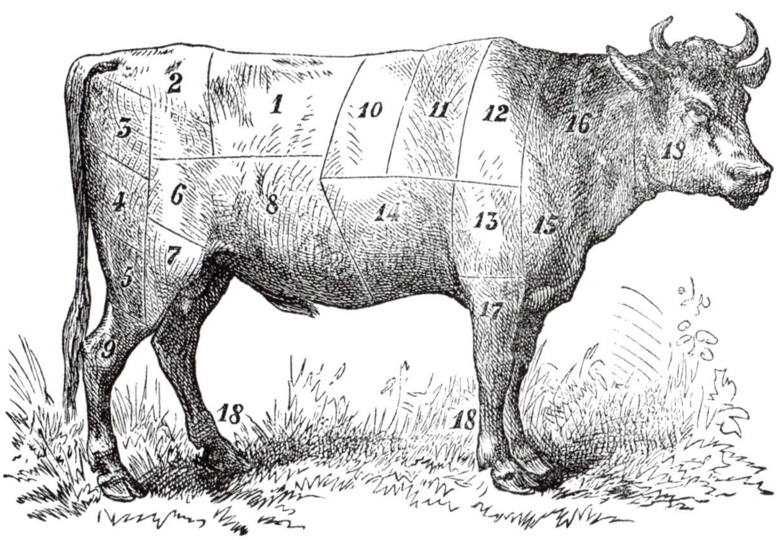

Reader's Digest

Inhalt

Einleitung 6

Rind – von zart bis würzig gut 22

Asiatische Grillspießchen 24
Cevapcici auf Tomaten-Reis 26
Chili con Carne 28
Entrecôtes mit Zwiebelsoße 30
Sauerbraten 32
Filet Stroganoff 34
Zwiebelrostbraten 36
Gebratenes Lendensteak mit Gartengemüse 38
Rumpsteaks mit italienischer Soße 40
Roastbeef mit grünem Spargel 42
Indisches Rindfleisch-Curry 44
Minirouladen in Rotweinsoße 46
Ochsenbrust mit Meerrettich 48
Ochsenschwanzsuppe unter der Haube 50
Pfannengerührtes Rindfleisch mit Gemüse und Hoisin-Soße 52
Riesenroulade mit Meerrettichsoße 54
Klassisches Rindercarpaccio mit Champignons 56
Rinderfilet mit Paprikaschoten 58
Rinderfiletsteaks mit Pilzen in der Papierhülle 60
Rindergeschnetzeltes mit grünen Bohnen 62
Schlanker Rinderhackbraten 64
Tafelspitz mit Bouillonkartoffeln 66
Rinderhüftsteaks mit Radieschensoße 68
Rinderlendenbraten in Rotweinsoße 70
Hamburger für Feinschmecker 72
Rindfleisch-Wraps mit Taboulé 74
Rindfleischröllchen nach Balkanart 76
Steak-Gröstl mit Pilzen 78
Rumpsteaks mit Tomaten-Kräuter-Kruste 80
Thailändischer Rindfleischsalat mit Erdnüssen 82
Besonders einfaches „Steak Diane“ 84

Rinderschmorbraten 86
Sonntagsrostbraten nach englischer Art 88
Rindfleischsalat „Waldorf“ 90
Pot-au-feu 92

Kalb – zart und bekömmlich 94

Geschmorte Kalbsschulter 96
Kalbsschnitzel Marsala 98
Involtini – italienische Kalbfleischröllchen 100
Vitello tonnato 102
Gefüllte Kalbskoteletts mit Feta 104
Kalbsgyros mit Joghurtsoße 106
Königsberger Klopse 108
Gefüllte Kalbsbrust 110
Gratinierte Kalbslende mit Calvadossoße 112
Kalbspiccata mit Tomatensoße 114
Kalbsgeschnetzeltes mit grünem Spargel 116
Zürcher Geschnetzeltes 118
Griechischer Nudelauflauf 120
Kalbskoteletts auf Wiener Art 122
Kalbsleber mit Zucchinigemüse 124
Kalbfleischpfanne mit Rosenkohl 126
Kalbsfilet mit Champignons 128
Kalbsschnitzel mit Roquefort auf Nudeln 130
Saltimbocca mit Marsalasoße 132
Kalbsbraten mit Salbei 134
Toskanische Kalbskoteletts 136
Kalbsgulasch auf ungarische Art 138
Zitronen-Kalbfleisch-Klöße auf Gurkengemüse 140
Gefüllte Kalbsschnitzel mit Pesto 142
Griechischer Nudeltopf mit Auberginen und Kalbfleisch 144
Kalbsgeschnetzeltes unter der Kartoffelhaube 146
Kartoffel-Bohnen-Topf mit Kalbfleisch 148
Pastetchen mit Kalbsragout 150

Schwein – deftig und lecker 152

Cordon bleu 154
Gegrillte Lenden-„Rippchen“ 156
Glasierte Schweinefleischspieße 158
Grünes Chili mit Schweinefleisch 160
Schweinelende mit Cranberry-Möhren-Gemüse 162
Kasseler mit Mango-Kraut 164
Kohlrouladen 166
Koteletts mit Möhren-Meerrettich-Füllung 168
Koteletts mit Roquefort 170
Paniertes Schweineschnitzel 172
Cordon-bleu-Rouladen mit Cranberrysoße 174
Provenzalisches Schweinefilet 176
Whisky-Schinkenbraten 178
Schweinefilet im Wirsingmantel 180
Schweinefilet mit Morchelsoße 182
Schweinefilet im Blätterteigmantel 184
Schweinefilet mit Spinat-Cashew-Füllung 186
Schweinefilet mit Tomaten-Sherry-Soße 188
Schweinefleisch aus dem Wok 190
Schweinefilet mit Kumquats und Bohnen 192
Pot-au-feu mit Schweinefilet 194
Schweinekoteletts mit Rucolasalat 196
Schweinekrustenbraten mit Biersoße 198
Schweinerollbraten mit Kräutern 200
Schweinesteaks mit Champignonsoße 202
Schweinshachsen 204
Spareribs mit Barbecuesoße 206
Szegediner Gulasch 208
Schweinespieße vom Grill 210
Pfannengerührtes Schweinefleisch mit Pilzen 212
Schweinemedaillons mit Paprikagemüse 214
Schweinekotelett auf Wirsinggemüse und sautiertem Apfel 216
Überbackene Schweinesteaks auf Kartoffeln 218

Lamm – von mild bis vollmundig 220

Auberginenschiffchen mit Lamm und Reis 222
Auberginen-Lamm-Moussaka 224
Lammrücken aus dem Ofen 226
Lammfilets mit mediterranem Gemüse aus dem Ofen 228
Herzhafter Lammeintopf mit Süßkartoffeln 230
Irish Stew 232
Kichererbsengratins mit Lamm 234
Lammmedaillons mit Kräuterbutter 236
Lammsteaks mit Rosmarin an Bohnenpüree 238
Lammcurry mit Aprikosen 240
Lammragout mit Oliven 242
Lammkeule mit Kräutern und Knoblauch 244
Lammkeule mit frischer Minzsoße 246
Lamm-Pilaw mit Aubergine 248
Würzige Lammkoteletts vom Blech 250
Kürbis-Couscous mit Lamm 252
Provenzalische Lammsteaks 254
Lammsteaks auf Rösti 256
Lammsteaks mit Rotweinschalotten 258
Marokkanisches Lamm mit Couscous 260
Orientalische Lammfleischpfanne 262
Lammsteaks mit Orangensoße 264
Lamm-Kartoffel-Eintopf nach griechischer Art 266
Salat mit Lammrückenfilets, grünen Bohnen und Orange 268
Lammkoteletts mit Peperonata 270
Lammragout mit Gremolata 272
Lammspieße mit Auberginensoße 274
Bohnentopf mit Aprikosen und Lamm 276
Lammhackspieße mit Kichererbsensalat 278
Orientalischer Lammtopf mit Linsen 280

Register 282
Impressum und Bildnachweis 288

Fleisch – herzhaft und lecker

Wer in den vollen Genuss eines guten Stückes Fleisch kommen möchte, der achtet schon beim Einkauf auf gewisse Qualitätsmerkmale. Neben der Aufzucht des Tieres kommt es auf die fachgerechte Lagerung des Fleisches an. Der Metzger Ihres Vertrauens kann mit wertvollen Tipps weiterhelfen.

Was darf's denn sein?

Ob Schnitzel, Kotelett, Gulasch, Tafelspitz, Braten, Keule oder Roulade – wer bereits weiß, was er kochen möchte, dem fällt die Entscheidung beim Einkaufen von Fleisch – sei es beim Metzger oder portionsweise abgepackt im Supermarkt – schon mal leichter. Welche Qualität das ausgewählte Fleisch hat, steht jedoch auf einem anderen Blatt. Sie hängt bei jeder Fleischsorte von vielen verschiedenen Faktoren ab: etwa der Tierrasse, wie das jeweilige Tier aufgezogen und gefüttert wurde, wie und wo es gelebt hat, wie und wann es geschlachtet wurde, aber auch, wie lange das Fleisch beim Metzger reifen durfte oder wie frisch es in die Auslage kommt und dort lagert.

Qualität – auch eine Frage der Haltung

Tierzüchter, oft Ökobauern, die auf Klasse statt auf Masse setzen, bieten ihren Tieren viel Auslauf und Raum für artgerechtes Verhalten. Solche meist frei laufenden Tiere leben in eingestreuten, offenen Ställen, bekommen hochwertiges Futter oder können es sich – etwa auf eigenen Weiden oder anderen Außenbereichen – selbst suchen. Ihr Gewicht nimmt bei dieser sog. Extensivmast langsam und über einen längeren Zeitraum zu. Ihr Fleisch besitzt einen hohen Anteil an intramuskulärem Fett, ist in der Regel schön gleichmäßig marmoriert und gilt als besonders schmackhaft.

Tiere aus Intensivmast hingegen leben oft in Ställen ohne Heu, auf Spaltenböden und mit bis zu zwölf Artgenossen auf kleinstem Raum. Ihr Wachstum wird mit Kraftfutter vorangetrieben, damit sie in kurzer Zeit ein hohes Gewicht erreichen. Kurz vor Ende der Mastzeit erhalten sie weniger Futter, damit sie kein Fett ansetzen. Die große Aufregung, die sie auf dem oft langen Weg zum Schlachter und dann in konventionellen Schlachtbetrieben erleben, wirkt sich auf ihr Fleisch aus. Das wird spätestens in der Pfanne oder im Kochtopf deutlich: Beim Braten zieht es sich zusammen, verliert Fleischsaft und wird zäh und trocken.

Woran erkennt man gutes Fleisch?

Geruch, Oberfläche, Färbung und Marmorierung sind die Hauptmerkmale, auf die es beim Einkaufen von Fleisch – egal welche Sorte – zu achten gilt. Unverpacktes Fleisch sollte in der Auslage klar, frisch und sauber geputzt aussehen. Der Metzger hat schon alle größeren Sehnenstücke entfernt. Das Fleisch sollte immer nahezu trocken in der Verpackung wie etwa einer Schale liegen. Es darf keinesfalls im eigenen Saft schwimmen. Auf Fingerdruck sollte es nur wenig nachgeben und sich nicht schwammig weich anfühlen. Fleisch mit angetrockneten Rändern, Druckstellen oder Schmierfilm nicht kaufen.

Farbe und Maserung hängen von der jeweiligen Fleischart ab:

Schweinefleisch soll hell- bis zartrosa, zartfaserig und von feinen Fettadern durchzogen sein. Eine solche Marmorierung verbessert den Geschmack, da Fett Träger von Aroma- und Geschmacksstoffen ist. Darüber hinaus wird es auch saftiger.

Während Kalbfleisch blassrosa und sehr feinfaserig ist, hat gut abgehangenes Rindfleisch eine rötlich-bräunliche Färbung und eine tendenziell grobfaserige Struktur. Kalb ist eher fettarm, Rindfleisch kann eine mittlere bis starke Verfettung aufweisen und gut marmoriert sein.

Gutes Lammfleisch zeigt eine hellrote Farbe und kurze, feine Fasern. Es sollte nur mäßig mit Fett durchwachsen sein. Eine dickere Fettschicht lässt man bei der Zubereitung zunächst dran, damit das Fleisch nicht austrocknet. Nach Belieben erst kurz vor dem Servieren entfernen.

Einkauf: Metzger oder Supermarkt?

Es bleibt jedem Kunden selbst überlassen, ob er Fleisch beim Metzger oder abgepackt im Supermarkt kaufen will. Es gibt gute und nicht so gute Metzger, und viele Supermärkte bieten in ihren Frischetruhen inzwischen Bio-Ware und damit Fleisch von Tieren aus artgerechter Haltung an – erkennbar am Bio-Siegel.

Fleisch vom Metzger mag etwas teurer sein, dafür hat er entweder selbst geschlachtet oder kennt den Züchter bzw. Lieferanten, von dem er seine Ware bezieht. Ein Metzger, der sein Handwerk liebt und versteht, berät gern, sollte das Fleisch aus einem Rezept gerade nicht im Angebot sein. Er weiß, welche Teilstücke ebenfalls geeignet sind und ob und wie die Garzeit angepasst werden muss.

Gutes Fleisch stammt von Tieren, die auf möglichst stressfreie Art geschlachtet wurden.

Metzger-Tipp

Gutes Fleisch durfte reifen. Nur wenn es nach der Schlachtung eine Ruhezeit bekommt, wird es zart, aromatisch und bekömmlich. Dabei entwickelt es auch die Wasserbindungsfähigkeit, die es beim Braten saftig macht. Was passiert während der Reifung? Die Muskelstruktur verändert sich: Anfangs ist sie weich und schlaff, dann wird sie starr. Danach brechen Milchsäure und Enzyme die Zellstruktur im Fleisch langsam auf – es wird mürbe, sein Geschmack intensiver. Das dauert bei Schweinefleisch 3 Tage, bei Lamm etwa 5 Tage, bei Kalbfleisch 1 Woche. Vor allem Rind braucht Zeit zum Abhängen: 1 ½ bis 2 ½ Wochen sollten es mindestens sein, bei bestimmten Spezialitäten, z. B. Dry Aged Steaks, sind es sogar bis zu 4 Wochen.

Das Futterangebot aus der natürlichen Umgebung ist die gesündeste Ernährung für die Tiere.

Weidefleisch besser als bio?

Die Gleichung scheint ganz einfach: Artgerecht gehaltene Tiere sind gesünder, ihr Fleisch ist daher wertvoller für den Menschen. Experten sind sich einig: Weidefleisch übertrifft Bio-Fleisch. Artgerecht sowohl für Rinder als auch für Schweine ist ein Leben draußen auf der Weide, möglichst ganzjährig. Ihre natürliche Nahrung finden die Tiere dort selbst, Rinder fressen als Wiederkäuer Gräser, Kräuter und Heu; Schweine, die sich draußen ausgiebig suhlen können, bevorzugen neben Gras und Kräutern Wurzeln. Die bisher gemachten Erfahrungen mit Weidehaltung haben gezeigt, dass die Tiere gesünder sind und daher weniger Antibiotika benötigen. Weidefleisch kann ein Bio-Siegel tragen, muss es aber nicht. In Tests wurde nachgewiesen, dass sich Weidefleisch durch einen höheren Anteil an Omega-3-Fettsäuren sowie konjugierter Linolsäure (CLA) auszeichnet, was vom Verzicht auf Getreide als (Mast-) Futtermittel herrührt. Weidefleisch enthält außerdem siebenmal mehr Vitamin A (Beta-Karotin), zweieinhalb mal mehr Vitamin E und mehr Antioxidantien als das Industrieprodukt. Ein weiteres gutes Argument für den Kauf von Weidefleisch ist seine regionale Erzeugung; dazu zählen Weideschlachtung sowie der Verkauf in der nächsten Umgebung.

Billig kann teuer werden

Fleisch essen oder bewusst Fleisch essen – das ist ein bedeutender Unterschied. Immer mehr Menschen machen sich mittlerweile Gedanken über ihren Fleischkonsum und verstehen: Viel und auf den ersten Blick billiges Fleisch zu verzehren, fördert den Fleischhandel allein durch Großkonzerne.

Industrielle Schlachtung bedeutet Massenproduktion am Fließband. Darunter muss die Fleischqualität ebenso leiden wie die Menschen, die dort im Akkord Fleisch zerlegen. Auf den ersten Blick mag Fleisch solcher Herkunft den Geldbeutel schonen, es entstehen jedoch Kosten anderer Art, die auf lange Sicht der Umwelt und der Gesundheit von Tier, Mensch und Boden schaden.

Mehrwert durch Wertigkeit

Weniger und qualitativ hochwertiges Fleisch zu kaufen, ist eine Lösung mit positiver Wirkung auf vielen Ebenen: Es hilft, den Beruf des Metzgers als Handwerk zu erhalten, besser noch, wenn es ein Bio-Metzger ist. Bei ihm können die Kunden sicher sein, dass Tiere aus artgerechter Haltung noch einzeln verarbeitet werden. Er bezieht Tiere meist aus der unmittelbaren Region, von Höfen und Bauern, die

Crowdbutching

Hierbei teilen sich Verbraucher ein Tier, das erst geschlachtet wird, wenn alle Teile von ihm zu 100 Prozent verkauft sind. Das Plus dabei ist die nachweisbare Herkunft des Fleischs. Artgerechte Haltung und die Verarbeitung ohne Zusatzstoffe werden ebenso garantiert wie die Lieferung direkt ins Haus. Allerdings müssen die Stücke für den Transport vakuumverpackt werden, was zu vermehrtem Verpackungsmüll führt.

er kennt und die ökologische Landwirtschaft betreiben oder ihre Tiere ganzjährig auf der Weide halten. So sind kurze Wege garantiert, und der Schlachter kann eigens entwickelte Delikatessen aus Bio-Fleisch anbieten. Viele Bio-Metzger sind auf regionalen Wochenmärkten zu finden.

Wollschweine sind eine der alten Tierrassen. Sie sind kälteresistent und benötigen keine Stallhaltung.

Hofhaltung um die Ecke

Auch Bio-Bauern selbst bieten mittlerweile Fleisch aus eigener Haltung und Schlachtung auf ihrem Hof an. Die Käufer können vorbeikommen, mit eigenen Augen sehen, wie und wo die Tiere leben und womit sie gefüttert werden. Eine eigene Hofmetzgerei erspart den Tieren lange, oft qualvolle Transportwege, und die Bauern können ihr Fleisch im Hofladen verkaufen. Einige werben damit, dass sie alle Stücke des Tieres verarbeiten („From nose to tail"). Andere spezialisieren sich auf die Haltung alter Tierrassen, z. B. Wollschweine, oder setzen auf robuste Rassen, die ganzjährig draußen leben können.

Fleisch aus dem Netz

Kleinere Bio-Bauern haben einen neuen Vertriebsweg für ihr Fleisch entdeckt: Sie bieten es auf einer gemeinsamen Website online an. Die Kunden sehen dabei auf der Verpackung ein Foto von dem Tier, das ihnen ihr Fleisch liefert. Die Bestellung wird per Post versendet. Auch viele Hofläden sind inzwischen online: Man kann zwischen „Genießerpaketen" in verschiedenen Größen (etwa 6–25 kg) wählen. Sie werden im Internet geordert und dann auf Wochenmärkten oder im Hofladen abgeholt.

Wie gesund ist Fleisch?

Fleisch ist ein besonders wichtiger Proteinlieferant für den Menschen. Es enthält außerdem viele wichtige Nährstoffe wie Eisen, Zink und Selen sowie Vitamin A und B-Vitamine. Der menschliche Körper kann sie sehr gut aufnehmen, vor allem Eisen aus Fleisch wird besser verwertet als das aus pflanzlichen Quellen.

Dabei ist Fleisch von Schwein und Rind deutlich nährstoffreicher als das von Geflügel. Schweinefleisch enthält besonders viel Vitamin B1 und B6, Rindfleisch besitzt die höchsten Eisen- und Zinkwerte sowie sehr viel Vitamin B12. Geflügelfleisch ist vor allem bei figurbewussten Menschen aufgrund des hohen Eiweiß- und niedrigen Fettgehalts (Fleisch ohne Haut) beliebt. In den letzten Jahren ist jedoch der Fettgehalt von Fleisch generell gesunken: vor allem weil die Tiere anders gefüttert werden (Weidetiere, weniger Mast) und weil es mehr magere Fleischzuschnitte gibt, bei denen mehr Fett von vornherein weggeschnitten wird. Mit dem gesunkenen Fettgehalt ging auch der Anteil der als schädlich geltenden gesättigten Fettsäuren zurück. Eine Studie aus Newcastle von 2016 hat gezeigt, dass in Bio-Fleisch mehr gesunde Omega-3-Fettsäuren (bis zu 50 Prozent) enthalten sind.

Perfekt gelagert …

… im Kühlschrank: Da rohes Fleisch schnell verdirbt, sollte es möglichst kühl transportiert und gelagert werden. Am besten bei 2–4 °C. Bei weiten Wegen während des Einkaufs also möglichst eine Kühltasche, evtl. sogar mit Kühlakkus, verwenden. Zu Hause das Fleisch aus der Verpackung nehmen und, wenn es nicht sofort zubereitet wird, in eine Schüssel legen. Dann entweder mit einem Teller (plastikfrei) oder mit Frischhaltefolie abdecken, alternativ dazu in eine verschließbare Vorratsdose geben. So kann es einige Tage im Kühlschrank aufbewahrt werden, idealerweise auf der Glasplatte über dem Gemüsefach. Größere Stücke wie Braten oder Steaks halten sich etwas länger – 3–4 Tage – als bereits geschnittenes Fleisch wie Gulasch oder Fleischspieße. Diese nur 1 Tag lagern. Hackfleisch immer am Tag des Einkaufs zubereiten. Auch die Fleischsorte spielt beim Lagern eine Rolle: Rindfleisch lässt sich 3–4 Tage im Kühlschrank aufbewahren, Lamm-, Kalb- und Schweinefleisch 2–3 Tage.

… im Vakuum: Neben Licht und Wärme ist es der Kontakt mit Sauerstoff, der Fleisch verderben lässt. Beim Vakuumieren wird das Fleisch in Folie eingeschweißt, wobei die Luft komplett abgesaugt wird. So vor Luftkontakt und Austrocknen geschützt, hält es sich im Kühlschrank etwa 1 Monat. Das Einschweißen übernimmt der Metzger, mit einem eigenen Vakuumiergerät geht das aber auch zu Hause. Dazu das Fleisch portionieren und gut trocken tupfen. Dabei streng auf Hygiene achten, damit keine Bakterien mit eingeschleust werden und das Fleisch in der Folie verdirbt. Vakuumiertes Fleisch kann natürlich auch eingefroren werden und ist dann 2–3 Jahre haltbar.

… im Tiefkühler: Wer Fleisch über einen längeren Zeitraum aufbewahren möchte, sollte es einfrieren und im Tiefkühler bei –18 °C lagern. Je magerer das Fleisch, umso länger ist es gefroren haltbar. Das Fleisch portionieren und trocken tupfen. Dann in Gefrierbeutel geben, gut verschließen und mit einem wasserfesten Stift beschriften, was und wann es eingefroren wurde. Fleisch möglichst schnell einfrieren, dazu die Schockfrosttaste am Gerät nutzen. Das Auftauen eher langsam angehen: Dazu das Fleisch in ein Sieb über ein Gefäß setzen und abgedeckt über Nacht in den Kühlschrank stellen.

Wichtig: einmal aufgetautes Fleisch nicht wieder einfrieren.

Schon gewusst?

Gegartes Fleisch ist im Kühlschrank 2–3 Tage haltbar. Es lässt sich auch vakuumieren – dann bleibt es 8–12 Tage genießbar. Übrigens, gekochtes Fleisch mit Soße, etwa ein Gulasch, sollte in einem Gefrierbeutel vorgefrostet und erst dann vakuumiert werden: Die flüssige Soße würde ansonsten beim Einschweißen in das Gerät gesaugt.

Tiefkühl-Lagerdauer von Fleisch bei –18 °C

Rindfleisch	10–12 Monate
Kalbfleisch	8–10 Monate
Schweinefleisch, mager	6–8 Monate
Schweinefleisch, fett	4 Monate
Lammfleisch	6–10 Monate
Hackfleisch, mager	2–3 Monate
Hackfleisch, fett	1 Monat

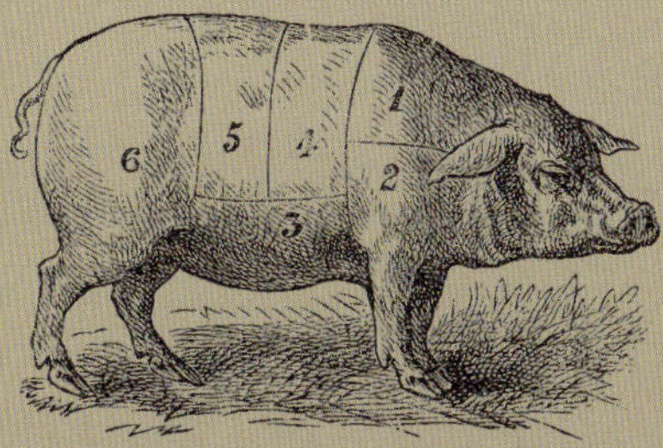

Fleischschnitte

Die Tiere werden nach der Schlachtung vom Metzger fachgerecht zerlegt. Die verschiedenen Fleischteile sind je nach Tierart, Größe und Struktur für unterschiedliche Brat- und Kochtechniken geeignet. Hier ein Überblick der gängigsten Fleischstücke.

Schwein

Die meisten Teile sind gut zum Kurzbraten geeignet: Koteletts aus dem Kotelettstrang, Nackenkoteletts mit etwas mehr Fett oder Lendenkoteletts aus dem hinteren Rücken, die etwas magerer sind. Wenn der Knochen noch mit dran ist, wird es umso aromatischer. Prima für den Grill eignen sich Rippen, Spareribs oder auch Bauch. Filet hat besonders zartes Fleisch, ebenso Lende oder Schnitzel aus der Keule. Spanferkel kommen meist im Ganzen auf einen Drehspieß über den Grill. Sie sollten beim Metzger vorbestellt werden.

Bauch	Grillen, Kochen, Kurzbraten, Rollbraten
Dicke Rippe	Grillen (Spareribs), Rollbraten
Filet	Geschnetzeltes, Kurzbraten
Hintereisbein/Hachse	Braten, Kochen, Schmoren
Hüfte	Braten, Schmoren
Kamm (Nacken)	Braten, Geschnetzeltes, Gulasch, Rollbraten
Kotelett	Grillen, Kurzbraten, Schmoren
Nuss (Kugel)	Braten, Schmoren
Oberschale	Geschnetzeltes, Schnitzel
Rückenspeck	Auslassen als Schmorfett, Spicken und Bardieren (mit Speck belegen/umwickeln)
Schulter (Bug)	Braten, Gulasch, Rollbraten
Spitzbein (Schweinefuß)	Kochen (gelatinereich, gut für Sülze)
Unterschale	Geschnetzeltes, Schnitzel
Vordereisbein	Kochen, Schmoren

Rind

Fürs Kurzbraten sind die besonders zarten Stücke ideal: Filet, Lende und Kotelett mit Knochen vom Rücken. Gut abgehangen, kann auch ein Steak sehr zart sein. Viele Partien, wie Bug, Hohe Rippe oder Kamm, gewinnen aber durchs Schmoren, langsames Kochen oder Braten: Der Geschmack intensiviert sich, Muskeln und Sehnen werden weich und zart. Die meisten hinteren Teile eignen sich für große Braten und Ragouts. Die Querrippe vewendet man meist zum Kochen. Durch das enthaltene Fett und Bindegewebe ist sie das ideale Suppenfleisch.

Brust	Brühe, Kochen
Dünnung (Bauchlappen)	Brühe, Eintöpfe, Gulasch
Filet	Grillen, Kurzbraten
Hinterhesse	Eintöpfe, Gulasch, langsames Kochen und Schmoren
Hohe Rippe	Kochen, Rinderbraten
Hüfte	Kurzbraten, Rinderbraten, Rouladen
Kamm (Nacken)	Eintöpfe, Gulasch, Kochen
Kugel	Kurzbraten, Rouladen, Schmorbraten
Lende (Roastbeef)	Kurzbraten
Oberschale (Kluft)	Rouladen
Querrippe	Brühe, Kochen klarer Fleischsuppen oder deftige Eintöpfe
Schulter (Bug)	Kochen, Rinderbraten
Unterschale	Kurzbraten, Rouladen, Tafelspitz
Vorderhesse	Eintöpfe, Gulasch, Kochen, Schmoren

Kalb

Vom Kalb (junges Rind bis 150 kg Gewicht) schmecken Koteletts kurz gebraten gut, ebenso Schnitzel aus der Ober- oder Unterschale sowie Geschnetzeltes aus der Unterschale. Kalbfleisch aus der Keule gilt als besonders fein für Braten und Ragout, aber die vorderen Teile schmecken ebenso gut, besonders die Schulter für ein Kalbsgulasch. Das Filet ist mit das beste Stück vom Kalb. Dieses sehr magere Fleisch unterhalb des Rückgrats des Tieres schmeckt besonders zart und mild.

Brust	Ragout
Dünnung (Bauchlappen)	Ragout, Rollbraten
Filet	Geschnetzeltes, Kurzbraten, Pochieren
Hinterhachse	Braten, Schmoren (Ossobuco)
Hüfte (Blume)	Braten, Geschnetzeltes, Schnitzel
Kotelett	Braten, Kurzbraten
Kugel (Nuss)	Braten, Geschnetzeltes, Schnitzel, Vitello tonnato
Lende	Braten, Kurzbraten
Nacken (Hals)	Rollbraten, Schmoren
Oberschale	Rollbraten, Schnitzel
Schulter (Bug)	Braten, Gulasch
Unterschale	Braten, Geschnetzeltes, Schnitzel
Vorderhachse	Braten, Schmoren

Lamm

Milchlamm (Schlachtalter: ½ Jahr) schmeckt mild, Fleisch vom Schaf (älter als 1 Jahr) intensiver. Lamm ist zart und mürbe, kann also gut kurz gebraten oder gegrillt werden. Prima dafür eignen sich Koteletts. Schnell gegart ist auch Filet. Länger brauchen Ragouts aus der Schulter und etwas fettere Brust. Keule wird oft im Ganzen und mit Knochen im Ofen geschmurgelt. Für kleinere Mengen sind auch Hachsen fein – Hinterhachsen haben etwas mehr Fleisch als Vorderhachsen.

Brust	Kochen, Rollbraten
Dünnung (Bauchlappen)	Kochen, Rollbraten
Hinterhachse	Braten, Schmoren
Kamm (Nacken)	Gulasch, Ragout, Rollbraten, Schmoren
Keule	Braten, Geschnetzeltes, Kurzbraten, Schmoren
Rücken	Braten
Schulter (Bug)	Kurzbraten, Gulasch, Ragout, Schmoren

Gerätschaften, Messer und andere Küchenhelfer

Für jede Phase der Fleischzubereitung gibt es die passenden Utensilien in großer Vielfalt und verschiedenster Qualität – sei es für die Vorbereitung der Ware, für das Kochen, das Braten oder für das Garen im Ofen. Welche Werkzeuge erleichtern die Zubereitung von Fleisch wirklich und was braucht man nicht?

Praktische Helfer beim Vorbereiten

Schneidebretter: Sie sollten vor allem groß genug, stabil und rutschfest sein. Auch eine glatte, Wasser abweisende Oberfläche, die keine Gerüche oder Verfärbungen annimmt, ist von Vorteil. Ist die Fläche zudem schlag- und schnittfest, hält sie scharfen Messern stand und macht sie nicht stumpf. Ob man sich für Holz oder Plastik entscheidet, ist Geschmackssache: Tests haben gezeigt, dass Holzbretter nicht unhygienischer sind als Kunststoffalternativen. Manche Hölzer besitzen antimikrobielle Eigenschaften, die Bakterien abtöten. Alle Bretter, auf denen rohes Fleisch geschnitten wird, sollten bei mindestens 60 °C gereinigt werden. Plastikbretter am besten in die Spülmaschine stellen, Holzbretter sehr heiß waschen und gut trocknen (viele Erreger vermehren sich bei Feuchtigkeit). Zum Aufschneiden von gegarten Braten oder Filets bieten sich Bretter mit Saftrillen an.

Scharfe Messer: Große, schwere Koch- oder Fleischmesser sorgen für schnelle, glatte Schnitte und sind unerlässlich, um Fleisch zu wiegen oder zu hacken. Ein schmales Universalmesser mit weicher, langer Klinge hilft beim Entfernen von Sehnen, Fett oder Knorpeln.

Küchenbeil und Knochensäge: Sinnvoll für alle, die häufiger selbst größere Fleischstücke teilen möchten. Ansonsten diese Arbeit den Metzger erledigen lassen.

Plattiereisen und Fleischklopfer: Mit ihnen werden Fleischstücke zum Kurzbraten gleichmäßig flach oder (sehr) dünn geklopft. Zartes Fleisch wie Steak oder Schnitzel mit einem glatten Plattiereisen oder Klopfer bearbeiten, um die Gewebestruktur nicht zu zerstören. Zähere Fleischstücke vertragen auch Eisen oder Klopfer mit Struktur.

Ebenfalls hilfreich

Bratenthermometer: Damit lassen sich die genaue Kerntemperatur und der Gargrad des Fleisches in Pfanne, Topf und Ofen bestimmen.

Elektrisches Messer: Macht das Aufschneiden von zarten Braten zum Kinderspiel.

Ein Bratenthermometer ist ein nützlicher Küchenhelfer für ein perfekt gegartes Stück Fleisch.

Marinaden und Fonds

Der Geschmack von Fleisch ist so wandelbar wie seine Zubereitung. Dienten Marinaden einst der Konservierung, sind sie heute beliebt, um Fleisch zart und schmackhaft zu machen. Auch Fonds stehen für unvergleichliche Aromen und sind unschlagbar, wenn es um vielseitige Weiterverarbeitung geht.

Marinaden

Früher war das Marinieren von Fleisch eine Methode, es länger haltbar zu machen. Neben der Konservierung in Salz oder Salzlake wurde Fleisch mit säurehaltigen Marinaden – also mit Rotwein, Essig oder Zitronensaft – für mehrere Tage haltbar gemacht. Säure bricht die Eiweißstruktur im Fleisch auf, macht es, wie etwa beim Sauerbraten, schön mürbe und lässt die Gewürze tiefer eindringen. Heute soll das Marinieren Fleisch vor allem zart und aromareich machen.

Ein paar Grundregeln fürs Marinieren

Fleisch vorbereiten: Vor dem Marinieren das Fleisch gründlich waschen und gut trocken tupfen.

Marinieren braucht Zeit: Die Marinade soll das Fleisch ganz bedecken. Dazu wird es in eine Glas- oder Keramikschale gegeben – möglichst kein Metall, denn es kann mit der Säure reagieren – oder in einen Gefrierbeutel. Kleine Stücke 1 – 3 Stunden, große Stücke 6 – 12 Stunden – am besten über Nacht – einlegen. Das Fleisch etwa nach der Hälfte der Marinierzeit wenden, Fleisch im Gefrierbeutel gelegentlich drehen.

Mehr Tiefenwirkung: Noch besser dringt die Marinade ein, wenn man vorher mit einer spitzen Gabel Löcher ins Fleisch piekt oder mit einem scharfen Messer einige kleine Schnitte ins Fleisch ritzt.

Kühl lagern: Das Fleisch im Kühlschrank marinieren, damit schädliche Keime in diesen Stunden keine Chance haben. 1 – 2 Stunden vor der Zubereitung das Fleisch aus dem Kühlschrank holen und Zimmertemperatur annehmen lassen.

Nicht wiederverwenden: Die Marinade nach dem Mariniervorgang entsorgen. Sie enthält nun Saft von rohem Fleisch und sollte nicht zweimal verwendet werden. Wird das Fleisch anschließend längere Zeit geschmort, darf die Marinade allerdings mit in den Topf – für einen runden Geschmack.

Schon gewusst?

Keine Regel ohne Ausnahme: Ungeduldige können Fleisch mit der Marinade vakuumieren. Durch den Unterdruck dringt die Marinade direkt in die Fleischporen ein, was das Marinieren intensiviert und auf rund 30 Minuten verkürzt.

Fonds – die Grundrezepte

Suppengrün und Gewürze sorgen in Fonds für vielfältige Geschmacksrichtungen.

Ein Fond (französisch für: Grundlage) ist eine geschmacksintensive Brühe, die länger gekocht und dabei reduziert wurde. Für Fleischfonds – prima auf Vorrat für Suppen und Soßen – wird Wasser mit Kalb-, Rind- und Lammfleisch sowie -knochen angesetzt. Je nach Wunsch kommen Suppengrün, Zwiebeln, Kräuter und Gewürze hinzu. Verwendet man ausschließlich Fleischstücke, werden die Fonds besonders aromatisch, solche mit Knochenanteil besitzen mehr Gelatine. Sie lassen den Fond bei starkem Einkochen zu Demi-Glace andicken (im ausgekühlten Zustand schnittfest). Aus diesen Konzentraten können im Nu würzige Soßen bereitet oder verfeinert werden.

Heller Kalbsfond (ca. 2 l)

1 kg Kalbsknochen und **500 g Kalbsfuß**, beides vom Metzger zerkleinert, in einen großen Topf mit kochendem Wasser geben und 3–4 Minuten köcheln lassen. Knochen in ein großes Sieb abgießen. **1 küchenfertiges Suppenhuhn (ca. 1 kg)** waschen und mit den Knochen zurück in den Topf geben. 5 l frisches Wasser angießen. Alles leicht **salzen** und 2 Stunden simmern lassen, dabei hin und wieder abschäumen. Während der Garzeit nicht umrühren.

1 Lauchstange, **1 Möhre** und **1 kleines Stück Knollensellerie** putzen, waschen und **200 g Zwiebeln** schälen. Alles grob zerteilen und mit **1 Lorbeerblatt** und **1 TL weißen Pfefferkörnern** in den Topf geben. 1 Stunde weitersimmern lassen. Ein feinmaschiges Sieb mit einem Passiertuch auslegen, Fond hineinschütten und in einen Topf tropfen lassen. Fond sofort verwenden oder abgekühlt portionsweise einfrieren. Oder: kochend heiß in saubere Gläser abfüllen. So hält er sich gut 2 Monate, im Gefrierfach 4–6 Monate.

Dunkler Kalbsfond (ca. 2 l)

Ofen auf 220 °C vorheizen. **1 kg Kalbsknochen** und **500 g Kalbsfuß**, beides vom Metzger zerkleinert, auf ein mit **4 EL Öl** bestrichenes Backblech geben und 30 Minuten im Ofen rösten. Herausnehmen und erkalten lassen.

500 g Zwiebeln waschen und mit Schale vierteln. Im großen Topf etwas **Öl** erhitzen, Zwiebeln und **1 EL Tomatenmark** darin kräftig anbraten. Mit **100 g Rotwein** ablöschen, den Bratensatz durch Rühren lösen, die Hitze reduzieren.

Die Knochen zu den Zwiebeln in den Topf geben. Bratensatz vom Boden des Bräters kratzen, mit etwas Wasser lösen und in den Topf geben.

Ca. 5 l Wasser in den Topf füllen, bis alles bedeckt ist. Aufkochen und 3–4 Stunden bei sehr schwacher Hitze auf ca. 2 l einkochen lassen. Fond durch ein Sieb mit Passiertuch abgießen, auffangen und abkühlen lassen.

Demi-Glace

Der dunkle Fond ist die Basis für eine Glace. Dafür in einem Topf **750 ml Rotwein** auf ein Fünftel einkochen lassen. Dann **2 l dunklen Fond** dazugeben und bei schwacher Hitze in 5–6 Stunden auf ein Viertel reduzieren. Durch ein Sieb mit Passiertuch seihen, in Eiswürfelformen gießen und einfrieren. Im Gefrierer hält die Glace ein paar Monate, im Kühlschrank etwa 10 Tage.

Heller und dunkler Rinderfond

Wie Kalbsfond zubereiten. Zutaten: **2 kg Rinderknochen, 500 g Markknochen (ohne Mark), 2 Nelken, 5 Pfefferkörner, je 100 g Möhren, Petersilienwurzel und Knollensellerie, je 1 Lauch, Zwiebel, Knoblauchzehe** und **Lorbeerblatt**.

Für den hellen Rinderfond Knochen blanchieren, abgießen und mit frischem Wasser zum Kochen bringen. 45 Minuten köcheln, dabei Schaum abschöpfen. Gewürze und Gemüse dazugeben und 1 Stunde weiterköcheln.

Für den dunklen Rinderfond Knochen im Bräter bei 220 °C 30 Minuten rösten, dabei gelegentlich umrühren. Dann in einen Topf umfüllen, mit Wasser bedecken und langsam aufkochen. Schaum abschöpfen. Gewürze und Gemüse dazugeben und 2 Stunden bei mittlerer Hitze köcheln lassen.

Lammfond

Je **1 kg zerkleinerte Lammbrust mit Knochen, Lammknochen** und **Kalbsknochen, je 200 g Möhren, Zwiebeln, 3 Knoblauchzehen** mit **5 EL Öl** im Bräter bei 220 °C 30 Minuten rösten. Alles in einen Topf umfüllen, mit 3 l kaltem Wasser aufkochen, Schaum abschöpfen. **Je 50 g Möhren, Lauch, Petersilienwurzel, 2 Stängel Petersilie** und **2 Zweige Thymian** zugeben, 3 Stunden köcheln lassen. Fertigen Fond absieben und in Vorratsbehälter füllen.

Techniken

Ein paar kleine Tricks und bestimmte Techniken sorgen schon beim Vorbereiten von Fleisch später für köstliche Ergebnisse auf dem Teller.

Fleisch schneiden: Immer quer zur Faser – im fertigen Fleischstück sind die Faserabschnitte dann kurz. Sie lassen sich beim Kauen leicht durchbeißen, das Fleisch erscheint zart. Für Gulasch das Fleischstück zunächst ebenfalls quer zur Faser in Scheiben schneiden, danach in Würfel.

Fleisch parieren (von Sehnen und Fett befreien): Hat das gekaufte Stück Fleisch an der Außenseite noch deutlich sichtbare Sehnen oder Silberhäutchen, dann mit einem langen Messer mit weicher, dünner Klinge darunterfahren und direkt am Fleisch abtrennen. Dabei immer vom Körper weg schneiden. Fett ist ein Geschmacksträger – davon nicht zu viel entfernen.

Fleisch plattieren: Ein Steak gart gleichmäßiger, wenn es überall gleich dick ist. Dazu mit dem Handballen dickere Stellen flach drücken. Schnitzel schmecken dünn am besten: Zwischen Frischhaltefolie oder einfach so auf die Arbeitsfläche legen und mit einem Plattiereisen, Fleischklopfer oder auch mit dem Boden einer Kasserolle leicht klopfen.

Fleisch spicken: Mageres Fleisch kann mit Speck gespickt werden. Diesen dafür in Streifen schneiden und am besten 2 Stunden im Tiefkühler anfrieren. Dann mit einer Spicknadel gleichmäßig verteilt in das Fleisch einziehen. Spicken mit Knoblauch und Kräutern verleiht vielen Fleischstücken – etwa einer Lammkeule – zusätzlich Aroma. Dazu mit einem kleinen, spitzen Messer möglichst flach Taschen einschneiden und diese mit Knoblauchstiften oder z. B. Rosmarinzweigen füllen. Zum Einziehen von Gemüsestreifen gibt es im Handel ein spezielles Spickset.

Fleisch bardieren: Eine weitere Methode, mageres Fleisch beim Braten vor dem Austrocknen zu schützen und ihm Aroma zu verleihen, ist das Umwickeln oder Belegen mit dünnen Speckscheiben. Sie werden leicht überlappend auf oder um das Fleisch gelegt und mit Küchengarn fixiert. Dabei können noch Kräuter mit eingebunden werden.

(Roll-)Braten oder Rouladen binden: Rollbraten und Rouladen werden mit Küchengarn gebunden, damit sie ihre Füllung nicht verlieren, Braten, damit sie ihre Form behalten. Für den Braten ein längeres Stück Garn abschneiden und an einem Ende eine Schlaufe binden. Das Garnende mit der Schlaufe um ein Bratenende legen, das andere Garnende durchfädeln und fest anziehen. Das lange Garnende mit der rechten Hand halten und mit der linken Hand eine Schlaufe bilden. Das Fleisch anheben und es in die Schlaufe legen. Diese an die erste Garnumwicklung rücken, festziehen und den Vorgang mit jeweils etwas Abstand wiederholen, bis das Fleischstück ganz gebunden ist. Garnenden verknoten.

Rouladen bestreichen und/oder belegen: Dabei rundum einen 1 cm breiten Rand frei lassen. Alle Ränder

Metzger-Tipp

Fleisch wird mit einem Plattiereisen schön dünn – und zart. Stärker bearbeitet man es mit einem Fleischklopfer mit Spitzen (für zähere Stücke geeignet). Ganz ohne Klopfen geht's aber auch, z. B. mit dem Schmetterlingsschnitt: Das Fleisch horizontal bis auf 1 cm einschneiden und dann aufklappen.

Für ein ideales Ergebnis verwendet man zum Panieren am besten glattes Mehl.

nach dem Bestreichen bzw. Belegen nach innen klappen und die Rouladen von der schmaleren Seite aufrollen. Dann entweder auf dieselbe Weise binden wie einen Rollbraten oder die Rouladenenden mit einer Rouladennadel fixieren.

Fleisch füllen: Bei großen Braten, wie Kalbsbrust, horizontal eine Tasche etwa in die Mitte des Fleischstücks schneiden – oder vom Metzger einschneiden lassen. Die obere Hälfte des Fleischstücks anheben, die Füllung mit einem Löffel in die Tasche hineingeben – nicht zu viel, weil sie sich beim Garen noch ausdehnt. Die Öffnung mit einer Fleischnadel und mit Küchengarn zunähen. Oder mit Zahnstochern im Abstand von 2 cm verschließen, Küchengarn von oben nach unten über Kreuz um die Holzspieße schlingen und am Ende gut verknoten.

Kleine Fleischstücke, etwa Schnitzel für Cordon bleu, mittig horizontal einschneiden. Die Seiten sollen dabei geschlossen bleiben. Käse- und Schinkenscheiben in den Schnitt füllen und mit Zahnstochern verschließen.

Perfekt panieren: Mehl, Semmelbrösel (Paniermehl) und verquirlte Eier auf jeweils einen (tiefen) Teller geben. Fleisch, beispielsweise Schnitzel, würzen und gründlich von beiden Seiten im Mehl wenden. Fleisch hochheben, leicht schütteln und so überschüssiges Mehl entfernen. Schnitzel dann durch das Ei ziehen und direkt danach leicht in die Semmelbrösel drücken, damit alle Stellen davon bedeckt werden.

Tranchieren: Vor dem Aufschneiden Fleisch ca. 10 Minuten in Aluminiumfolie verpackt oder zugedeckt warm ruhen lassen. So kann sich der Fleischsaft im Inneren verteilen und tritt nicht gleich aus. Braten mit einem Tranchier- oder Elektromesser quer zur Faser in Scheiben schneiden.

Garmethoden

Braten, Schmoren oder Grillen – das sind nur ein paar der vielen Möglichkeiten, schmackhafte Fleischgerichte zuzubereiten. Hier werden einige der Methoden vorgestellt und für welches Fleisch sie sich am besten eignen.

Schnell und gut: Kurzbraten

Kurzbraten in der Pfanne macht Steak, Kotelett und andere kleinere Fleischstücke außen schön krustig und innen saftig. Dazu sollten sie in einer unbeschichteten Pfanne, die hohe Temperaturen aushält, mit einem hoch erhitzbaren Fett gebraten werden. Am besten die Pfanne zunächst trocken erhitzen, erst dann ein entsprechendes Pflanzenöl oder Butterschmalz hineingeben – so wird das Fett heiß, ohne zu verbrennen. Beim Einlegen soll das Fleisch zischen – durch die direkte starke Hitze gerinnt das Fleischeiweiß und suppt nicht aus, was bei zu niedriger Temperatur passieren kann. Herd auf mittlere Stufe zurückschalten und je nach Fleischstück 4 – 12 Minuten braten. Bei einem Rinderfilet je nach Vorliebe „rare" (blutig), „medium" (rosa) oder „well done" (durchgegart) braten. Stets einen Pfannenwender benutzen, denn beim Einstechen mit einer Gabel würde Fleischsaft austreten.

Fix geschwenkt: Sautieren

Diese Methode gilt als besondere Form des Kurzbratens: Klein geschnittenes Fleisch, vorzugsweise Geschnetzeltes, wird bei starker Hitze sehr schnell (in 3–4 Minuten) und unter Rühren oder Schwenken gegart. Dadurch bleibt es saftig. Fürs Sautieren eine Pfanne mit hohem Rand (Sauteuse) oder einen Wok sowie Öl oder Butterschmalz mit hohem Rauchpunkt verwenden. Stark erhitzen und dann nur so viel Fleisch in Pfanne oder Wok geben, dass der Boden gerade bedeckt ist. Fleisch schnell rührbraten, also mit einem Pfannenwender immer wieder am Pfannen- bzw. Wokrand entlangführen. Oder das Fleisch durchschwenken, was allerdings etwas Übung braucht: dazu das Bratgut aus dem Handgelenk bis an den Rand der Pfanne schwenken und diese am Stiel mit einem kurzen Ruck zum Körper ziehen.

Achtung: Hackfleisch ist zum Sautieren nicht geeignet, denn Bakterien wie Salmonellen werden nur beim Durchbraten abgetötet.

Ganz bequem: Braten im Ofen

Manch ein Fleisch braucht beim Braten Zeit, aber die darf ein Braten, eine Keule oder Hachse ganz einfach in einem Bräter im Bratrohr verbringen. Das Fleisch wird gewürzt und in heißem Fett rundum angebraten. Besonders schnell geht das auf der Herdplatte. Gleichmäßiger geschieht es bei 250 °C im Ofen, was bei größeren und fetteren Stücken rund 30 Minuten dauern kann. Anschließend wird der Braten, je nach Rezept, bei 180–200 °C in 1–2 ½ Stunden fertig gegart. Dabei sollte das Fleisch gelegentlich mit dem ausgetretenen Bratfett beschöpft werden, damit die Kruste nicht anbrennt. Danach den Braten ein wenig ruhen lassen: In dieser Zeit verteilt sich der Fleischsaft, der sich im Kern gesammelt hat, wieder gleichmäßig.

Auch kleinere Stücke, wie Filet oder Lende, dürfen in den Ofen. Bei 180 °C sind sie in 20–30 Minuten fertig.

Was lange währt, … – das Schmoren

Schmoren, das bedeutet sanft und langsam garen, auf dem Herd oder im Ofen. Vor allem für mageres Fleisch und solches mit gröberen Fasern – also nicht unbedingt die edelsten Stücke – ist es prima. Die zugegossene Flüssigkeit durchzieht das Fleisch, das einen Teil seines eigenen Saftes wiederum an den Sud abgibt.

Braten zunächst anbraten. Topf oder Bräter sollte nicht zu groß sein, damit man später nicht zu viel Flüssigkeit dazugeben muss. Zutaten wie Gemüse mit anbraten, Gewürze und Flüssigkeit dazugeben – nicht ganz bedecken. Auf dem Herd bei schwacher Hitze oder im Ofen bei 180 °C etwa 2–2 ½ Stunden schmoren.

Für Gulasch und Ragout Fleischwürfel je nach Menge portionsweise anbraten, damit sie wirklich braten und nicht anfangen zu kochen. Nach dem Anbraten Fleisch herausnehmen, Gemüse anbraten und dann das Fleisch wieder dazugeben. Bei Fleisch mit kürzerer Garzeit, wie Schwein, Kalb und Lamm, sofort die Flüssigkeit dazugeben. Rind kann zunächst im eigenen Saft schmoren und wird dann nach und nach meist mit Wasser, Brühe oder Wein aufgefüllt.

> **Schon gewusst?**
>
> Pökelfleisch, wie etwa Kassler, besser nicht zum Grillen verwenden. Denn bei starker Hitze können sich schädliche Nitrite bilden.

Heiß vom Bratrost: Grillen

Der eine schwört auf Holzkohle, wegen des Raucharomas, der andere bevorzugt Elektro- oder Gasgrill. Das Anfeuern eines Holzkohlegrills nimmt etwas mehr Zeit in Anspruch als das Einschalten und Erhitzen der anderen beiden Geräte. In jedem Fall sollte man das Fleisch 30 Minuten vorher aus dem Kühlschrank nehmen, damit es Zimmertemperatur annimmt. Fleisch grillen geht ruckzuck: durchwachsene Steaks etwa 1 Minute pro Seite bei mittlerer bis starker Hitze angrillen, dann bei mittlerer Hitze in 3–6 Minuten pro Seite fertig grillen. Magereres Fleisch bei mittlerer Hitze 5 Minuten unter Wenden vorgrillen, dann in 5 Minuten fertig grillen. Für Fleischstücke mit Knochen 15–20 Minuten einplanen. Die Temperatur beim Holzkohlegrill entweder durch die Höheneinstellung verändern oder anfangs direkt über der Kohle, danach etwas abseits davon grillen. Andere Geräte haben einen Temperaturregler. Auch die Dicke des Fleisches spielt eine Rolle: Für Schweinesteaks und Koteletts sind 2 cm gut, beim Entrecôte dürfen es 2–3 cm sein. Fettränder mit einer Zange kurz auf den Rost drücken, dann werden sie knusprig! Für Spieße die Fleischwürfel ähnlich groß schneiden, damit sie einheitlich garen. Werden Holzspieße verwendet, diese 1 Stunde vorher wässern, damit sie nicht verbrennen.

Äußerst schonend: Niedrigtemperaturgaren

Besonders aromatisch und saftig wird Fleisch beim sehr langen Garen bei niedriger Temperatur. Um Röststoffe zu entwickeln, wird es zunächst auf dem Herd angebraten und kommt dann bei 80 °C ins Rohr. Ab dieser Temperatur – man benötigt einen exakt arbeitenden Ofen oder sollte die Hitze die ganze Zeit kontrollieren – gerinnen die Proteine. Zugleich bleiben Aromen und Saft dem Fleischstück erhalten: Es wird innen zart und außen knusprig. Die Niedriggarmethode ist geeignet für große Braten, aber auch Roastbeef, T-Bone-Steaks oder Schweinemedaillons können so zubereitet werden. Die Kerntemperatur des Fleisches sollte bei 60 °C liegen. Mit einem Bratenthermometer messen: zu Beginn des Garens bis zur Mitte an der dicksten Fleischstelle einstechen und dort die ganze Zeit belassen. Kleinere Stücke bleiben 1 ½–3 Stunden im Ofen, bei größeren Stücken kann die Garzeit 3 ½–5 Stunden betragen. Dann dürfen es auch mal 100 °C werden, wie etwa bei einer Lammkeule.

Ganz sanft: Pochieren

Pochieren, das Sieden oder Simmern von Fleisch in Brühe oder Weinsud ohne vorheriges Anbraten, gilt als eine der schonendsten Zubereitungen für Fleisch. Sie ist für zarte und bindegewebsarme Fleischstücke wie z. B. Rinderfilet, Beinschinken oder Tafelspitz geeignet, aber auch für muskulöseres, hartfaseriges Fleisch, das erst zart werden soll. Die Flüssigkeit darf immer nur leicht wallen; beginnt sie zu kochen, etwas kaltes Wasser zugießen. Da man beim Pochieren vor allem am Fleisch interessiert ist, gibt man es in die heiße Flüssigkeit, so laugt es nicht aus. Größere Fleischstücke 2–4 Stunden pochieren, kleinere wie Filets ca. 30 Minuten.

Garzeiten und Gartemperaturen

Garzeit	Pfanne | Topf	Ofen bei 180 °C (normal)	Ofen bei 80 °C (Niedrigtemperatur)	Grill
Schwein				
Schnitzel (1 cm)	4–5 Minuten	–	–	5–8 Minuten
Kotelett (1½ cm)	12 Minuten	–	–	15–20 Minuten
Filetsteak (3 cm)	8 Minuten	–	–	12 Minuten
Ragout/Gulasch	1 Stunde	–	–	–
Filet/Lende (600 g)	–	20 Minuten	1½ Stunden	–
Braten (1 kg)	1½ Stunden (180 °C)	–	3½ Stunden	–
Rollbraten (1 kg)	2 Stunden (180 °C)	–	3½ Stunden	–
Spareribs	–	–	–	30–35 Minuten
Rind				
Filetsteak	4–8 Minuten	–	–	4–12 Minuten
Filet (1 kg)	–	30 Minuten	2¼ Stunden	–
Roastbeef (1 kg)	–	35 Minuten	4 Stunden	–
Braten (1 kg)	2–2½ Stunden	2–2½ Stunden	3½ Stunden	–
Tafelspitz (1,2 kg)	4 Stunden	–	–	–
Kalb				
Schnitzel (1 cm)	2–4 Minuten	–	–	5–6 Minuten
Medaillon (2–3 cm)	5–6 Minuten	5 Minuten (200 °C)	–	4–12 Minuten
Kotelett (250 g)	10–12 Minuten	–	–	12–14 Minuten
Filet (800 g)	–	30 Minuten	1½ Stunden	–
Braten (1 kg)	1 Stunde	1¼ Stunden	4 Stunden	–
Hachse (2½ kg)	–	3 Stunden (160 °C)	5 Stunden	–
Lamm				
Kotelett (1 cm)	5 Minuten	–	–	10 Minuten
Ragout	1 Stunde	–	–	–
Keule (2½ kg)	–	1 Stunde (200 °C)	5 Stunden (100 °C)	–
Lammhachsen (400 g)	–	2 Stunden	3½ Stunden (120 °C)	–
Rücken (1 kg)	–	50 Minuten (200 °C)	80 Minuten	–

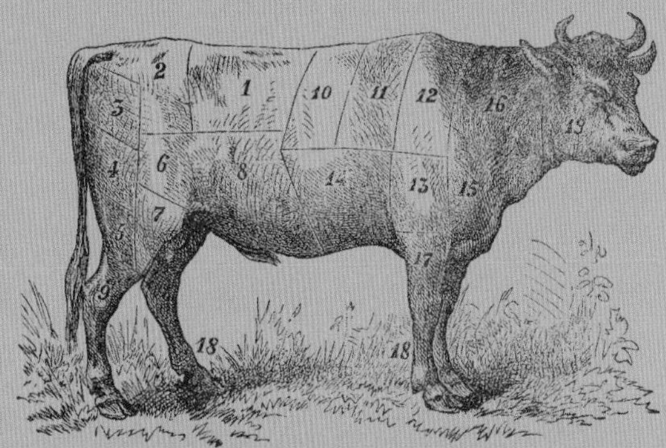

Rind – von zart bis würzig gut

Von asiatischen Grillspießchen über Rinderhüftsteaks mit Radieschensoße bis hin zu perfekt zubereiteten Rinderfiletsteaks – die besten Klassiker, schöne Ideen für Gäste und Gerichte mit Rindfleisch, wie sie nur die Großmutter zubereiten konnte, erwarten Sie hier. Profi-Tipps und Kniffe, mit denen die Rezepte besonders gut gelingen, welche Beilagen am besten harmonieren, Ideen zu Resteverwertungen und interessante Informationen finden Sie in den Tipp-Kästen.

Asiatische Grillspießchen

Für 4 Portionen
280 g Flankensteak
120 ml Orangensaft
2 EL salzarme Sojasoße
2 TL dunkles Sesamöl
1 EL und 1 TL brauner Zucker
1 TL gemahlener Ingwer
½ TL Chilischoten, grob zerstoßen
1 rote Paprikaschote, in Streifen geschnitten
2 Schalotten, dünn geschnitten
2 EL frische Minze, geschnitten
½ TL Salz
1 Dose Wasserkastanien (220 g), abgetropft
200 g Naturreis
Außerdem
8 Grillspieße (etwa 30 cm lang)

Zubereitungszeit
45 Minuten
Marinierzeit
Mindestens 1 Stunde

1 Das Flankensteak quer zur Faser in 8 dünne Scheiben schneiden.

2 Die Hälfte des Orangensafts (60 ml), Sojasoße, Sesamöl, 1 EL braunen Zucker, Ingwer und ¼ TL zerstoßene Chilischoten in einer flachen Schale vermischen. Die Fleischstreifen mindestens 1 Stunde oder über Nacht darin marinieren.

3 Inzwischen Paprikastreifen, Schalotten, Minze und Salz mit dem restlichen Orangensaft, mit 1 TL braunem Zucker und ¼ TL Chilischoten vermischen. Die Wasserkastanien zugeben und alles kühl stellen.

4 Den Reis nach Packungsangabe kochen. Mit einer Gabel etwas auflockern.

5 Den Ofengrill vorheizen. Das Fleisch aus der Marinade nehmen und auf 8 Spieße stecken. Die Spieße in eine Grillform legen und etwa 2 Minuten grillen. Mit Marinade bestreichen, wenden und weitere 2 Minuten grillen. Die Spieße auf etwas Reis und mit dem Wasserkastaniensalat servieren.

Profi-Tipp

Falls Sie übrig gebliebenen, bereits gegarten Reis griffbereit haben, können Sie den Tomaten-Reis damit zubereiten. Reis mit den Tomaten erhitzen und mit Salz, Pfeffer und nach Belieben etwas gekörnter Brühe abschmecken.

Cevapcici auf Tomaten-Reis

Für 4 Portionen

2 Knoblauchzehen
1 Bund Petersilie
600 g gemischtes Hackfleisch
2 Eier
1 EL rosenscharfes Paprikapulver
1 EL edelsüßes Paprikapulver
Salz
Pfeffer, frisch gemahlen
4 EL Olivenöl
250 g Schnellkochreis (10-Minuten-Reis)
250 ml Gemüsebrühe
1 Dose gehackte Tomaten (400 g)

Zubereitungszeit

35 Minuten

1 Die Knoblauchzehen schälen und fein würfeln. Die Petersilie waschen, die Blätter abzupfen und – bis auf einige Blätter zum Garnieren – fein hacken.

2 Das Hackfleisch in eine Schüssel füllen und mit dem Knoblauch, der gehackten Petersilie und den Eiern vermengen, dabei mit den beiden Paprikasorten sowie Salz und Pfeffer würzen. Aus der Masse 12 gleich große, etwa 10 cm lange Rollen formen; diese für etwa 5 Minuten in den Kühlschrank legen.

3 Inzwischen 2 EL Öl in einem Topf erhitzen und den Reis darin unter Rühren kurz anbraten. Die Brühe dazugießen und aufkochen lassen; den Reis nach Packungsangabe garen. Anschließend die gehackten Tomaten unter den Reis mischen; den Tomaten-Reis mit Salz und Pfeffer abschmecken.

4 Während der Reis gart, das restliche Öl (2 EL) in einer Grillpfanne oder in einer beschichteten Pfanne erhitzen. Die Hackröllchen in die Pfanne geben und bei mittlerer Hitze unter gelegentlichem Wenden 6 bis 8 Minuten braten.

5 Die Cevapcici mit dem Tomaten-Reis auf Tellern anrichten, mit den Petersilienblättern garnieren und servieren.

Chili con Carne

Für 6–8 Portionen

1 große Zwiebel
1 Knoblauchzehe
2 EL Öl
400 g Rinderhackfleisch
1½ TL getrockneter Oregano
1 EL Chilipulver
½ TL gemahlener Kreuzkümmel
Salz
Pfeffer, frisch gemahlen
1 EL Tomatenmark
1 Dose gehackte Tomaten (400 g)
750 ml Gemüsebrühe
2 Dosen rote Kidneybohnen (Abtropfgewicht je 255 g)
4 Stängel frisches Koriandergrün oder Petersilie
Cayennepfeffer

Zubereitungszeit

1¼ Stunden

1 Die Zwiebel schälen, halbieren und in feine halbe Ringe schneiden. Knoblauch schälen und fein hacken. Das Öl in einem großen Topf erhitzen. Das Hackfleisch darin 2 Minuten bei starker Hitze anbraten, dabei mit einem Kochlöffel krümelig rühren.

2 Die Zwiebelringe zum Hackfleisch geben und 2 Minuten mitbraten. Die Fleischmischung mit Oregano, Chilipulver, Kreuzkümmel, Knoblauch, Salz und Pfeffer würzen.

3 Das Tomatenmark unterrühren. Die gehackten Tomaten und die Gemüsebrühe hinzufügen. Den Topfinhalt unter gelegentlichem Rühren aufkochen, dann zugedeckt 10 Minuten köcheln lassen.

4 Die Bohnen aus den Dosen in ein Sieb schütten, kalt abspülen und abtropfen lassen. In den Topf geben und 10 Minuten mitköcheln lassen.

5 Koriander oder Petersilie waschen und die Blättchen fein hacken. Das Chili con Carne mit Cayennepfeffer abschmecken, mit den gehackten Kräutern bestreuen und servieren.

Das passt dazu

Tortilla-Chips und cremig gerührter Sauerrahm oder auch aufgebackene Weizen- oder Mais-Tortillas passen zum Chili. Tortillas gibt es vakuumverpackt in gut sortierten Supermärkten zu kaufen; sie werden in der Pfanne oder im Ofen erwärmt.

Profi-Tipp

Eine authentische Geschmacksnote bekommt das Chili, wenn Sie es kurz vor dem Servieren noch mit gemahlenem Zimt und geriebener Bitterschokolade abschmecken.

Entrecôtes mit Zwiebelsoße

Für 4 Portionen

4 Entrecôtes (Zwischenrippenstücke; je etwa 180 g)
4 EL Öl
Pfeffer, frisch gemahlen
3 Zwiebeln
2 EL Butterschmalz
Salz
Muskatnuss, frisch gerieben
2 TL Mehl
250 ml Rinderfond oder Rinderbrühe

Zubereitungszeit
30 Minuten

1 Entrecôtes trocken tupfen und mit dem Handballen flach drücken. Den Fettrand im Abstand von 2 cm bis zum Fleisch einschneiden, damit sich die Steaks beim Braten nicht krümmen.

2 Auf einem großen Teller 2 EL Öl mit Pfeffer verrühren und die Fleischscheiben in der Mischung wenden.

3 Für die Soße die Zwiebeln schälen und in dünne Ringe schneiden. Das Butterschmalz in einer großen beschichteten Pfanne erhitzen. Die Zwiebelringe darin bei mittlerer Hitze in 5–6 Minuten goldbraun braten.

4 Inzwischen das restliche Öl (2 EL) in einer großen schweren Pfanne erhitzen. Entrecôtes darin auf jeder Seite 2 Minuten anbraten, dann salzen und pro Seite weitere 3–4 Minuten braten. Herausnehmen und warm stellen.

5 Die gebratenen Zwiebeln in der Pfanne mit Salz, Pfeffer und Muskat würzen. Mit Mehl bestäuben und leicht bräunen. Alles mit Fond oder Brühe ablöschen, aufkochen und 1 Minute kochen lassen. Das Fleisch mit der Zwiebelsoße auf Tellern anrichten. Dazu passen Pommes frites.

Variante

4 Steaks (Entrecôtes oder Rumpsteaks; je etwa 180 g) vorbereiten, wie im Rezept (Schritt 1 und 2) beschrieben. 300 g halbierte Schalotten in 2 EL Öl mit 2 EL gehackten Thymianblättchen in 5–6 Minuten hellbraun braten. 150 ml kräftigen Rotwein und 300 ml Rinderfond oder -brühe dazugießen, aufkochen lassen und in etwa 5 Minuten auf die Hälfte einkochen.

Die Soße mit Salz, Pfeffer und 1 Prise Zucker würzen; mit 2 TL dunklem Soßenbinder andicken. Gleichzeitig in einer großen Pfanne 2 EL Öl erhitzen und die Steaks darin braten (siehe Schritt 4). Mit der Schalottensoße anrichten.

Sauerbraten

Für 4 Portionen
1 kg Rindfleisch (Schulter oder Keule)
40 g Speck, in kleine Stücke geschnitten
1½ EL Salz
1 EL Mehl
1–2 EL Butterschmalz
1 kleines Stück Schwarzbrot oder andere Brotrinde
2 EL Sauerrahm
1 TL Speisestärke

Für die Beize
1 l Wasser, gemischt mit 125–250 ml Essig (je nach gewünschtem Säuregrad)
1 EL Salz
1 Zwiebel
Suppengrün (je 1 Stück Lauch, Knollensellerie und Möhre, in grobe Stücke geschnitten)
Pfefferkörner
1 Lorbeerblatt
1–2 Nelken
2 Zitronenscheiben

Zubereitungszeit
1 Stunde

Garzeit
2 Stunden

Beizzeit
2–3 Tage

1 Das Fleisch waschen, trocken tupfen und etwas weich klopfen. Mit Speckstücken spicken. Dazu mit dem Stiel eines Kochlöffels Vertiefungen in das Fleisch stechen und den Speck hineindrücken, bis er vollständig im Fleisch steckt. Dann das Fleisch in eine entsprechend große Schüssel legen. Mit Essigwasser begießen und die restlichen Zutaten der Beize dazugeben. Das Fleisch soll vollständig mit Flüssigkeit bedeckt sein. Dann 2–3 Tage unter täglichem Wenden an einem kühlen Ort stehen lassen.

2 Das Fleisch herausnehmen, abtrocknen, mit Salz einreiben und mit Mehl bestäuben. In einem Bräter das Schmalz erhitzen. Das Fleisch mit Zwiebel und Suppengrün aus der Beize sowie der Brotrinde rundum anbraten. Beize mit etwas Wasser verdünnen und damit das Fleisch ablöschen, sodass das Fleisch zur Hälfte mit Flüssigkeit bedeckt ist. Pfefferkörner, Lorbeerblatt und Nelken aus der Beize dazugeben. Den Braten zugedeckt etwa 2 Stunden garen. Bei Bedarf etwas verdünnte Beize nachgießen, es soll immer Flüssigkeit im Bräter sein.

3 Etwa 30 Minuten vor dem Anrichten den Sauerrahm unter die Soße rühren. Die Soße nach Bedarf mit in kaltem Wasser angerührter Stärke andicken. Anschließend kurz einkochen lassen.

Tipps aller Art

Dazu passen Nudeln, Spätzle, Kartoffelklöße, Reis, Bratkartoffel, Salat und Apfelkompott.

Im Sommer ist es empfehlenswert, die Zutaten für die Beize auszukochen, damit sie nicht schimmeln. Anschließend die Flüssigkeit vor dem Einlegen des Fleisches wieder erkalten lassen.

Das Fleisch kann statt in Essig auch in Sauer- oder Buttermilch eingelegt werden. Anstatt es zu spicken, kann man das Rindfleisch auch mit den Speckscheiben belegen. Kocht man einige Apfelschnitze mit, bekommt die Soße eine fruchtige Note.

Filet Stroganoff

Für 4 Portionen
600 g Rinderfilet, geschnetzelt
2 Zwiebeln
250 g Champignons
4 EL Butterschmalz
Salz
Pfeffer, frisch gemahlen
250 ml Fleischbrühe
200 g Crème fraîche
2 TL Speisestärke
150 g Gewürzgurken, abgetropft
3–4 EL Gurkensud
1 Bund Dill

Zubereitungszeit
25 Minuten

1 Das Fleisch trocken tupfen. Die Zwiebeln schälen und fein hacken. Die Champignons putzen, abreiben und je nach Größe halbieren oder vierteln.

2 In einer großen Pfanne 2 EL Butterschmalz erhitzen, das Fleisch darin in zwei Portionen jeweils 1–2 Minuten anbraten. Aus der Pfanne nehmen, mit Salz und Pfeffer würzen und beiseitestellen.

3 Das restliche Butterschmalz (2 EL) in der Pfanne erhitzen und die Zwiebeln darin glasig dünsten. Die Pilze dazugeben und unter Rühren goldbraun braten.

4 Die Brühe dazugießen und aufkochen lassen. Die Crème fraîche mit der Speisestärke verrühren und unter die Soße mischen. Erneut aufkochen. Die Soße bei schwacher Hitze 5 Minuten köcheln lassen; salzen und pfeffern.

5 Inzwischen die Gurken in Scheiben schneiden. Fleisch und Gurken in die Soße geben und kurz heiß werden lassen. Das Gericht mit Salz, Pfeffer und Gurkensud abschmecken. Dill waschen. Spitzen grob hacken und das Geschnetzelte damit bestreuen. Dazu passen Spätzle.

Zwiebelrostbraten

Für 4 Portionen

1 gut abgehangene Rinderlende (flaches Roastbeef; etwa 750 g)
Pfeffer, frisch gemahlen
2 Zwiebeln
4 EL Butterschmalz
Salz

Zubereitungszeit

50 Minuten

1 Das Lendenstück in 4 etwa 2 cm dicke Scheiben schneiden und leicht flach klopfen. Die äußere Fettschicht etwas einschneiden, damit das Fleisch beim Braten seine Form behält. Dabei nicht bis zum Fleisch durchschneiden. Die Fleischstücke mit Pfeffer bestreuen.

2 Die Zwiebeln schälen und in Ringe schneiden.

3 Das Butterschmalz in einer Pfanne erhitzen. Die Fleischscheiben darin bei mittlerer Hitze auf jeder Seite 3–5 Minuten – je nach gewünschter Garstufe – anbraten. Das Fleisch herausnehmen, salzen, in eine ofenfeste Form legen und im Ofen warm stellen.

4 Die Zwiebelringe im Bratfett einige Minuten knusprig braun anbraten.

5 Die Fleischscheiben auf Tellern anrichten und mit Zwiebelringen garnieren. Sofort servieren.

Tipps aller Art

Dazu passen Salzkartoffeln, Röstkartoffeln oder Kartoffelbrei. Die Fleischscheiben können auch auf dem Grill gebraten werden. Dazu das Fleisch mit flüssiger Butter oder mit Öl bestreichen und auf dem Rost braun anbraten.

Statt Zwiebelringen können Sie auch eine Zwiebelsoße zubereiten. Dazu die Zwiebeln anbraten und anschließend mit etwa 125 ml Fleischbrühe ablöschen. Die Flüssigkeit auf die gewünschte Konsistenz einkochen lassen. Die Soße mit Salz und Pfeffer abschmecken und das Fleisch damit beträufeln.

Gebratenes Lendensteak mit Gartengemüse

Für 8 Portionen

2 Knoblauchzehen, zerdrückt
1 TL Salz
½ TL Pfefferkörner
1 Lendensteak mit Knochen (3 cm dick; etwa 1 kg)
450 g mittelgroße Kartoffeln, gründlich gebürstet und geviertelt
450 g grüne Bohnen
1 große rote Zwiebel, in dünne Ringe geschnitten
2 EL Weißweinessig
2 EL Olivenöl
¼ TL Zucker

Zubereitungszeit

55 Minuten

1 Den Ofen auf 190 °C vorheizen. Knoblauch, ½ TL Salz und ¼ TL Pfeffer mit der flachen Klinge des Kochmessers zu einer groben Paste zerdrücken. Beide Seiten des Steaks damit einreiben. Beiseitestellen.

2 Die Kartoffeln in einem Topf mit Wasser bedeckt aufkochen. Hitze reduzieren, 5 Minuten köcheln lassen. Bohnen zugeben und alles 3 bis 4 Minuten köcheln lassen, bis die Kartoffeln weich und die Bohnen bissfest sind. Abgießen, mit kaltem Wasser abschrecken und in eine große Schüssel geben.

3 Zwiebelringe in einem Sieb unter fließendem heißem Wasser abspülen. Essig, Olivenöl, ¼ TL Salz, ¼ TL Pfeffer und Zucker in einer Schüssel mischen. Vinaigrette beiseitestellen.

4 Eine große ofenfeste Pfanne mittelstark erhitzen, aber nicht zum Rauchen bringen. Pfanne mit ¼ TL Salz ausstreuen. Steak hineingeben. Auf jeder Seite etwa 3 Minuten scharf anbraten. In den Ofen geben. Für „medium rare“ (55 – 60 °C) 15 – 18 Minuten, für „medium“ (60 – 65 °C) 20 – 25 Minuten garen. Dann 5 Minuten ruhen lassen. Das gesamte Fett entfernen und das Fleisch in dünne Scheiben schneiden. Kartoffeln, Bohnen und Zwiebeln um das Fleisch herum arrangieren. Vor dem Servieren mit Vinaigrette beträufeln.

Varianten

Als Alternative zu den gehackten Tomaten können Sie auch problemlos 400 ml passierte Tomaten verwenden. Für Vegetarier bietet es sich an, statt der Steaks Halloumi (zyprischer Käse) zu nehmen. Diesen in Scheiben schneiden, mit Öl bestreichen und anschließend grillen oder goldbraun braten.

Rumpsteaks mit italienischer Soße

Für 4 Portionen

4 Rumpsteaks (je etwa 3 cm dick)
2 EL Olivenöl
schwarzer Pfeffer, frisch gemahlen
1 Zwiebel, fein gewürfelt
2 Knoblauchzehen, zerdrückt
1 Dose gehackte Tomaten (400 g)
100 ml Weiß- oder Rotwein
300 g Tagliatelle
Salz
1 EL Kapern
12 entsteinte schwarze oder grüne Oliven, halbiert
2 EL Basilikum, in Streifen geschnitten
Basilikumblättchen zum Garnieren (nach Belieben)

Zubereitungszeit

50 Minuten

1 Die Steaks auf beiden Seiten mit 1 EL Olivenöl und etwas schwarzem Pfeffer einreiben. Eine große Pfanne heiß werden lassen. Falls nötig, die Steaks darin in zwei Portionen braten: für „rare“ (blutig) pro Seite etwa 2 ½ Minuten, für „medium“ (halb durchgebraten) etwa 4 Minuten in der Pfanne belassen. Durchgebraten sind die Steaks nach 6–7 Minuten pro Seite. Die Steaks aus der Pfanne nehmen und warm halten.

2 Das restliche Öl in die Pfanne geben. Die Zwiebelwürfel mit dem Knoblauch darin bei schwacher Hitze in etwa 5 Minuten unter gelegentlichem Rühren glasig werden lassen. Tomaten und Wein unterrühren und die Soße 5–10 Minuten köcheln lassen, die Tomatenstücke dabei mit dem Löffel zerdrücken.

3 In der Zwischenzeit die Tagliatelle in reichlich sprudelnd kochendem Salzwasser nach Packungsangabe bissfest garen. In ein Sieb schütten und abtropfen lassen. Kapern, Oliven und Basilikum unter die Soße rühren und die Soße abschmecken.

4 Die Steaks in die Soße geben und darin heiß werden lassen. Die Tagliatelle auf vier Teller verteilen und nach Belieben mit Basilikumblättchen garnieren. Die Steaks mit der Soße dazu servieren.

Roastbeef mit grünem Spargel

Für 4 Portionen

300 g Roastbeef, in dünne Scheiben geschnitten
250 g grüner Spargel
100 g Kirschtomaten
2 EL Weißweinessig
Salz
Pfeffer, frisch gemahlen
4 EL Rinderfond oder Fleischbrühe
6 EL Olivenöl
½ Bund Schnittlauch
50 g Parmesan

Zubereitungszeit

20 Minuten

1 Die Roastbeefscheiben auf vier Tellern ausbreiten. Den Spargel putzen, waschen, die Enden abschneiden und das untere Drittel der Stangen schälen.

2 Die Stangen schräg in dünne Scheiben schneiden und auf den Fleischscheiben verteilen. Die Kirschtomaten waschen, in Scheiben schneiden und ebenfalls auf die Teller geben.

3 Für die Vinaigrette den Essig mit Salz, Pfeffer und Fond oder Brühe verquirlen; das Olivenöl darunterschlagen. Die Soße über Fleisch und Gemüse träufeln.

4 Den Schnittlauch abbrausen, trocken schütteln und in Röllchen schneiden. Die Röllchen auf Roastbeef und Gemüse streuen, dann den Parmesan über die Portionen hobeln. Dazu passt frisches Vollkorn- oder Weißbrot.

Variante

Eine Möhre, einen zarten Kohlrabi und 100 g Knollensellerie waschen bzw. schälen, in dünne Scheiben und diese in feine, etwa 5 cm lange Streifen (Julienne) schneiden oder hobeln. Die Vinaigrette zubereiten (Schritt 3). Mit Möhren, Kohlrabi und Staudensellerie mischen. 300 g dünne Scheiben Schweinebraten auf vier Teller verteilen. Die Gemüserohkost samt Dressing in die Mitte geben. 4 EL Mayonnaise (Glas) mit 100 g Joghurt und 2 TL scharfem Senf verrühren; mit Salz, Pfeffer und wenig Zitronensaft würzen. Das Dressing über Fleisch und Gemüse geben, alles mit 2 EL gehackter Petersilie bestreuen und servieren.

Indisches Rindfleisch-Curry

Für 4 Portionen

1 EL Sonnenblumenöl
1 große Zwiebel, in dünne Scheiben geschnitten
150 g Champignons, in Scheiben geschnitten
400 g Rinderlende, Fett entfernt und in dünne Streifen geschnitten
1½ TL Ingwerpaste oder 1 Stückchen frischer Ingwer, fein gehackt
2 Knoblauchzehen, zerdrückt
½ TL getrocknete Chilischoten, zerdrückt
2 TL gemahlene Koriandersamen
¼ TL gemahlener Kardamom
½ TL Kurkuma
¼ TL geriebene Muskatnuss
1 Dose gehackte Tomaten (400 g)
1 TL Speisestärke, verrührt mit 1 EL Wasser
125 g junger Blattspinat
Saft von 1 Limette
2 EL frisches Koriandergrün, gehackt
300 g Vollmilchjoghurt
1 EL flüssiger Honig
frisches Koriandergrün (zum Garnieren)

Für den Kardamom-Reis

350 g Basmatireis, gut abgespült
1 Zimtstange
8 Kardamomkapseln, geöffnet

Zubereitungszeit

30 Minuten

1 Das Öl in einer großen Pfanne erhitzen. Zwiebel und Pilze hineingeben und bei starker Hitze 2 Minuten braten, bis die Zwiebel Farbe annimmt.

2 Fleisch, Ingwer, Knoblauch, Chili, Koriander, Kardamom, Kurkuma und Muskat zugeben. Alles unter Rühren 2 Minuten garen. Tomaten mitsamt dem Saft sowie die angerührte Speisestärke zufügen. Unter Rühren aufkochen, dann alles bei schwacher Hitze zugedeckt 20 Minuten köcheln lassen.

3 Inzwischen für den Kardamom-Reis 500 ml kaltes Wasser in einen Topf geben. Aufkochen lassen, dann Reis, Zimtstange und Kardamomkapseln zufügen. Erneut aufkochen. Zugedeckt 10 Minuten garen, bis der Reis weich ist. In ein Sieb schütten, abtropfen lassen und den Reis zurück in den Topf geben. Zugedeckt beiseitestellen.

4 Spinat, Limettensaft und Koriandergrün zum Curry geben und unterrühren. Die Spinatblätter in der Soße zusammenfallen lassen. Den Joghurt unter das Curry mischen und das Gericht mit Honig abschmecken. Das Curry mit dem Reis anrichten und mit Koriandergrün garnieren.

Profi-Tipp

Wenn Sie gerne scharf essen, geben Sie kurz vor Ende der Garzeit 1 frische rote Chilischote, halbiert und entkernt, in die Soße. Diese darin lassen oder vor dem Servieren herausnehmen. Und auch für Ihre Gesundheit hat dieses Gericht positive Effekte: So steht Kardamom in dem Ruf, Verdauungsprobleme wie Völlegefühl, Blähungen und Magenkrämpfe zu lindern.

Minirouladen in Rotweinsoße

Für 4 Portionen
- 4 Rinderrouladen (je 150 g)
- 6 TL körniger Senf
- Salz
- schwarzer Pfeffer, frisch gemahlen
- 6 dünne Scheiben durchwachsener Speck
- 2 weiße Zwiebeln, in dünne Scheiben geschnitten
- 12 Cornichons
- 2 EL Butterschmalz
- 300 ml trockener, kräftiger Rotwein
- 400 ml Kalbsfond (Glas)
- 1 Lorbeerblatt
- 1 Kräutersträußchen (aus Majoran, Thymian, Rosmarin und Petersilie)
- 1 Prise Zucker
- 1–2 TL Soßenbinder (nach Belieben)

Außerdem
- Küchengarn oder Holzspießchen

Zubereitungszeit
45 Minuten
Schmorzeit
45–55 Minuten

1 Die Rouladen auf einer Arbeitsfläche ausbreiten. Jede Fleischscheibe in 3 etwa gleich große Stücke schneiden. Jede dünn mit Senf bestreichen, dann mit Salz und Pfeffer bestreuen. Speckscheiben halbieren und auf die Rouladenstücke legen.

2 Zuerst die Hälfte der Zwiebelscheiben, dann je 1 Cornichon auf jedes Fleischstück geben. Fleischröllchen aufwickeln und mit Küchengarn oder Holzspießchen fixieren.

3 Das Butterschmalz in einem großen schweren Topf erhitzen und die Fleischröllchen darin rundherum scharf anbraten. Übrige Zwiebeln zugeben und kurz mitbraten. Wein und Fond zugießen, alles mit Salz und Pfeffer würzen. Lorbeerblatt und Kräutersträußchen zu den Rouladen geben. Rouladen zugedeckt bei schwacher Hitze 45–55 Minuten schmoren.

4 Die fertigen Röllchen aus der Soße nehmen und warm stellen. Kräuter aus der Soße entfernen. Die Soße mit Salz, Pfeffer, übrigem Senf und Zucker abschmecken. Nach Belieben mit Soßenbinder andicken. Zu den Mini-Rouladen servieren. Dazu können Sie Salzkartoffeln oder Spätzle und grüne Bohnen reichen.

Ochsenbrust mit Meerrettich

Für 4 Portionen
einige Brustknochenstücke vom Ochsen
1 Bund Suppengrün
2 Zwiebeln
½ Bund Petersilie
1 kg Ochsenbrust
2 Lorbeerblätter

Für die Soße
150 g Meerrettich
50 g Butter
30 g Mehl
250 ml Milch
3 EL Sauerrahm
Salz

Zubereitungszeit
25 Minuten
Schmorzeit
3 Stunden

1 Die Knochen blanchieren. Das Suppengrün putzen, waschen und in Stücke schneiden. Die Zwiebeln abziehen und vierteln. Die Petersilie waschen und trocken tupfen. Die Ochsenbrust waschen, trocken tupfen und in eine Kasserolle geben. Knochen, Suppengrün, Zwiebeln und Petersilie zufügen.

2 So viel Wasser darübergießen, bis das Fleisch bedeckt ist. Die Lorbeerblätter zufügen. Aufkochen, den Schaum abschöpfen und bei schwacher Hitze 3 Stunden schmoren lassen. Das Suppengrün nach 20 Minuten herausnehmen.

3 Inzwischen für die Soße den Meerrettich reiben. Die Butter in einem kleinen Topf erhitzen, unter Rühren das Mehl zugeben, die Milch nach und nach zugießen und weiterrühren. Den Meerrettich und den Sauerrahm zufügen, nicht mehr aufkochen lassen. Mit Salz würzen.

4 Das Fleisch in Scheiben schneiden. Die Brühe durch ein Sieb gießen und 3–4 EL über das Fleisch gießen. Das beiseitegelegte Suppengrün in der restlichen Brühe erhitzen und zum Fleisch geben. Dazu passen Salzkartoffeln.

Ochsenschwanzsuppe unter der Haube

Für 4 Portionen
150 ml Madeira oder Portwein
1 Stange Staudensellerie
1 Möhre
800 ml klare Ochsenschwanzsuppe (Fertigprodukt) oder Rinderbrühe
Salz
Pfeffer, frisch gemahlen
1 Frühlingszwiebel
20 g eingelegte schwarze Trüffeln (Glas)
125 g Rinderfiletspitzen, in feine Streifen geschnitten
1 Rolle Blätterteig (275 g; Kühlregal)
1 Eigelb

Zubereitungszeit
25 Minuten

1 Madeira oder Portwein in einem Topf erhitzen und offen bei starker Hitze 5 Minuten einkochen lassen.

2 In der Zwischenzeit die Selleriestange waschen und putzen, die Möhre putzen und schälen. Das Gemüse in feine Würfel schneiden.

3 Die Ochsenschwanzsuppe oder die Brühe zum Madeira gießen. Die Suppe aufkochen lassen, das Gemüse hinzufügen und 3 Minuten zugedeckt garen. Mit Salz und Pfeffer abschmecken.

4 In der Zwischenzeit den Ofen auf 220 °C vorheizen. Die Frühlingszwiebel waschen, putzen und in Ringe schneiden.

5 Die Trüffeln in feine Scheiben hobeln. Diese mitsamt etwas Einweichflüssigkeit, den Rinderfiletstreifen und den Frühlingszwiebelringen auf vier ofenfeste Suppentassen verteilen.

6 Aus dem Blätterteig vier Kreise (die etwas größer als die Öffnungen der Suppentassen sind) ausschneiden. Die Suppe auf die Suppentassen verteilen; die Tassen mit dem Teig verschließen, dabei die Ränder festdrücken.

7 Die Teigdeckel mit Eigelb bestreichen. Die Suppentassen für 10 Minuten in den heißen Ofen stellen, bis der Teig knusprig aufgegangen ist. Sofort servieren.

Profi-Tipps

Die Brühe mit dem Gemüse und die Blätterteigkreise können Sie vorbereiten. Vor dem Servieren brauchen Sie dann nur noch Fleisch, Trüffel und Frühlingszwiebeln auf die Suppentassen zu verteilen. Die Suppe wie angegeben fertigstellen.

Noch schneller geht es, wenn Sie statt der ganzen Trüffel ersatzweise 2 TL Trüffelpaste oder -öl verwenden, um der Suppe Aroma zu verleihen.

Pfannengerührtes Rindfleisch mit Gemüse und Hoisin-Soße

Für 4 Portionen

360 g mageres Rinderfilet
2 EL salzarme Teriyaki-Soße
10 mittelgroße Shiitakepilze
240 g Zuckerschoten
2 große rote Paprikaschoten
360 ml salzarme Hühnerbrühe oder Wasser
3 EL Hoisin-Soße
2 EL Speisestärke
1 EL Pflanzenöl
4 Frühlingszwiebeln, schräg in dünne Ringe geschnitten
1 Knoblauchzehe, zerdrückt

Zubereitungszeit

35 Minuten

1 Nach Belieben das Filet zum leichteren Schneiden 20 Minuten ins Gefrierfach legen. Dann quer zur Faser in 4 mm dicke Scheiben schneiden. Besonders lange Stücke halbieren. In einer Schüssel in Teriyaki-Soße wenden. Anschließend zudecken. Mindestens 15 Minuten (und bis zu mehreren Stunden) kühl stellen.

2 Inzwischen das Gemüse putzen. Pilzstängel entfernen, Hüte in dünne Scheiben schneiden. Die Enden der Zuckerschoten kappen und die Schoten entfädeln. Die Paprikaschoten waschen und putzen; längs vierteln, entkernen und in dünne Streifen schneiden. 60 ml Brühe, Hoisin-Soße und Stärke verrühren. Dann beiseitestellen.

3 1 TL Öl in einer großen beschichteten Pfanne oder in einem Wok erhitzen, bis es sehr heiß ist, aber nicht raucht. Frühlingszwiebeln hineingeben. 1 Minute rühren. In eine große Schüssel füllen. Rindfleisch und Knoblauch zufügen. 2 Minuten rühren, bis das Fleisch nicht mehr rosa ist. Mit den Frühlingszwiebeln in die Schüssel geben. 1 TL Öl in die Pfanne gießen. Pilze etwa 3 Minuten pfannenrühren, bis sie weich werden. In die Schüssel geben. 1 TL Öl in die Pfanne gießen. Zuckerschoten und Paprikastreifen darin 1 bis 2 Minuten sautieren, bis sie anfangen, weich zu werden.

4 Rindfleisch und Gemüse zurück in die Pfanne geben. 100 ml Brühe angießen. Mit Deckel 2 bis 3 Minuten kochen, bis alles heiß, aber das Gemüse noch bissfest ist. Hoisin-Mischung kurz durchrühren, dann in die Pfanne gießen. 1 Minute pfannenrühren, bis die Soße kocht. 1 weitere Minute köcheln lassen.

Profi-Tipps

Pfannengerührte Gerichte können Sie ganz einfach mit fettfreien asiatischen Würzsoßen aufpeppen. Hier wird Hoisin-Soße verwendet, aber ebenso gut schmeckt es z. B. mit Teriyaki-Soße. Sein kräftiges Aroma gewinnt dieses Gericht außerdem durch den Knoblauch, die Frühlingszwiebeln und die Shiitakepilze.

Dazu passt duftender Jasmin-Reis. Sie können aber auch den indischen Basmatireis verwenden.

Schon gewusst?

Sahne, Crème fraîche oder Schmand werden Soßen und Suppen zugegeben, um sie geschmacklich abzurunden und ihnen eine angenehme Konsistenz zu verleihen. Dabei gilt: Je höher der Fettgehalt, desto weniger gerinnt das Produkt beim Erhitzen.

Riesenroulade mit Meerrettichsoße

Für 4 Portionen

3 EL Öl
2 Bund Suppengrün, klein gewürfelt
1 festkochende Kartoffel (150 g), geraspelt
50 g durchwachsener Speck, fein gewürfelt
½ TL Kümmel
1 TL getrockneter Majoran
1 TL Dijonsenf
Salz
schwarzer Pfeffer, frisch gemahlen
2 TL Petersilie, gehackt
1 große Rinderroulade (600 g)
3 EL geriebener Meerrettich
2 Zwiebeln, in Würfel geschnitten
150 ml trockener Weißwein
400 ml Kalbsfond
1 Lorbeerblatt
3 EL Crème légère

Außerdem

Küchengarn

Zubereitungszeit

55 Minuten

Garzeit

1 Stunde

1 Für die Füllung 1 EL Öl in einer Pfanne erhitzen. Suppengrün, Kartoffelraspel und Speck darin 5 Minuten anbraten. Mit Kümmel, Majoran, Senf, Salz und Pfeffer würzen, abkühlen lassen. Petersilie unterrühren.

2 Das Fleisch ausbreiten und mit 1 EL Meerrettich bestreichen; mit Salz und Pfeffer bestreuen. Die Gemüsemischung daraufstreichen und das Fleisch zu einer großen Roulade aufrollen. Mit Küchengarn umwickeln, damit die Roulade in Form bleibt.

3 In einem Bräter 2 EL Öl erhitzen. Roulade darin rundum scharf anbraten. Zwiebeln zugeben und glasig dünsten. Wein und Fond angießen; Lorbeerblatt zugeben und die Soße mit Salz und Pfeffer würzen.

4 Roulade zugedeckt 1 Stunde bei schwacher Hitze schmoren. Aus der Soße nehmen und das Küchengarn entfernen. Roulade in Scheiben schneiden. Soße pürieren und mit Salz und Pfeffer abschmecken. 2 EL Meerrettich und die Crème légère unterrühren. Mit Salzkartoffeln oder Kartoffelklößen servieren. Dazu passt Blattsalat.

Klassisches Rindercarpaccio mit Champignons

Für 4 Portionen

300 g Rinderfilet (aus dem Mittelstück; siehe Kasten), angefroren
250 g kleine Champignons
6 EL Zitronensaft
Salz
5–6 EL Olivenöl
40 g Parmesan am Stück
Pfeffer, frisch gemahlen
3–4 Stängel Petersilie

Zubereitungszeit

20 Minuten

1 Das Rinderfilet mit der Aufschnittmaschine oder mit einem scharfen Messer in hauchdünne Scheiben schneiden (siehe Kasten).

2 Die Pilze putzen, abreiben und ebenfalls in hauchdünne Scheiben schneiden. Mit 2 EL Zitronensaft beträufeln, damit sie nicht braun werden.

3 Den restlichen Zitronensaft mit Salz verrühren, bis es sich aufgelöst hat. Erst dann das Olivenöl nach und nach darunterschlagen. Den Parmesan mit dem Sparschäler in dünne Späne hobeln.

4 Die Hälfte der Zitronen-Öl-Mischung auf vier gut gekühlte Teller streichen. Die Filetscheiben leicht überlappend darauflegen. Die Champignonscheiben auf dem Fleisch anrichten, die Parmesanspäne darüberstreuen. Die restliche Marinade über das Carpaccio träufeln und alles mit Pfeffer übermahlen.

5 Die Petersilie abbrausen und trocken schütteln; die Blätter abzupfen und vor dem Servieren auf das Carpaccio streuen. Mit frischem Weißbrot servieren.

Profi-Tipps

Rinderfilet für Carpaccio in hauchdünne Scheiben zu schneiden gelingt am besten, wenn Sie zuvor das ganze Filetstück in Folie packen und in der Tiefkühltruhe in 30–40 Minuten leicht anfrieren, aber nicht gefrieren lassen. Anschließend lässt es sich wie beschrieben leicht in hauchdünne Scheiben schneiden. Diese zwischen Frischhaltefolie legen, mit einer Teigrolle hauchdünn ausrollen oder mit der flachen Seite des Fleischklopfers flach in Form klopfen.

Sie können beim Einkauf aber auch Ihren Metzger bitten, das Fleisch für Sie aufzuschneiden.

Schon gewusst?

Zu den Vitamin-C-reichsten Lebensmitteln überhaupt zählen sowohl Paprikaschoten als auch Petersilie. Beide übertreffen den Vitamin-C-Gehalt von Clementinen oder Grapefruits um das Vielfache.

Rinderfilet mit Paprikaschoten

Für 4 Portionen

je 1 rote und orange Paprikaschote
4 Schalotten
1 Knoblauchzehe
4 Cornichons
2 EL Öl
1 EL Butter
500 g Rinderfilet, in dünne Scheiben geschnitten
Salz
Pfeffer, frisch gemahlen
2 TL edelsüßes Paprikapulver
2 TL Currypulver
100 ml trockener Rotwein
250 ml Rinderfond
100 g Sahne
½ Bund Petersilie

Zubereitungszeit

25 Minuten

1 Die Paprikaschoten waschen und putzen; längs vierteln, entkernen und quer in feine Streifen schneiden. Die Schalotten schälen und in dünne Streifen schneiden. Den Knoblauch schälen und klein würfeln. Die Cornichons in dünne Scheiben schneiden.

2 In einer großen Pfanne das Öl und die Butter erhitzen. Die Filetscheiben darin portionsweise auf jeder Seite etwa 1 Minute braten. Auf einen Teller geben. Mit Salz und Pfeffer würzen.

3 Schalotten, Knoblauch, Paprikastreifen und Cornichons im Bratensatz 2–3 Minuten braten. Mit Paprika- und Currypulver bestäuben, kurz anschwitzen. Rotwein und Fond dazugießen und aufkochen lassen. Die Sahne untermischen und die Flüssigkeit bei starker Hitze in 5 Minuten sämig einkochen lassen.

4 Die Petersilie waschen und trocken schütteln. Die Blätter abzupfen, hacken und unter das Gemüse in der Pfanne rühren. Zum Schluss die Filetscheiben unterheben und heiß werden lassen. Dazu passen Kartoffeln oder Reis.

Rinderfiletsteaks mit Pilzen in der Papierhülle

Für 4 Portionen

4 kleine Rinderfiletsteaks (je etwa 120 g)
8 EL Olivenöl plus etwas mehr zum Bestreichen
200 g kleine Champignons
200 g Shiitakepilze
2 Knoblauchzehen
5 Zweige Rosmarin
1 Bund Thymian
100 g Silberzwiebeln (Glas), abgetropft
Salz
Pfeffer, frisch gemahlen

Außerdem

4 Stücke Pergamentpapier (je etwa 30 x 40 cm)

Zubereitungszeit

45 Minuten

1 Die Filetsteaks trocken tupfen und mit dem Handballen flach drücken. 2 EL Öl in einer Pfanne erhitzen und die Filets darin bei mittlerer Hitze auf jeder Seite 1 Minute anbraten. Das Fleisch aus der Pfanne nehmen und auf Küchenpapier abtropfen lassen.

2 Inzwischen den Ofen auf 200 °C vorheizen. Die Pilze putzen und abreiben; nur die Shiitakepilze entstielen. Alle Pilze in Scheiben schneiden. Knoblauch schälen und fein würfeln.

3 Rosmarin und Thymian waschen; von einem Rosmarinzweig und der Hälfte des Thymians die Blätter abstreifen und grob hacken. Pilze, Silberzwiebeln und Knoblauch mit 2 EL Olivenöl, den gehackten Kräutern sowie Salz und Pfeffer mischen.

4 Jedes Blatt Pergamentpapier mit Olivenöl einpinseln; jeweils ein Viertel der Pilzmischung darauf verteilen.

5 Die Steaks salzen und pfeffern; auf die Pilzmischung legen. Mit einigen Rosmarin- und Thymianzweigen belegen und mit dem restlichen Öl beträufeln. Das Papier verschließen und auf beiden Enden wie Bonbonpapier fest zusammendrehen.

6 Die Päckchen auf ein kaltes Backblech setzen und das Fleisch im heißen Ofen 20 Minuten garen. Auf Tellern anrichten, mit einer Schere vorsichtig aufschneiden (Achtung: Es steigt heißer Dampf auf!) und servieren. Dazu passen Rosmarinkartoffeln.

Variante

Probieren Sie doch auch einmal Kalbsmedaillons in der Papierhülle: 8 Kalbsmedaillons (je 60–80 g) in 2 EL Öl auf jeder Seite 1 Minute anbraten; herausnehmen. 240 g abgetropfte Artischockenherzen (Dose) vierteln. 1 Bund Frühlingszwiebeln in Ringe und 2 Knoblauchzehen in Scheiben schneiden. Artischockenviertel, Frühlingszwiebeln, Knoblauch und 120 g Kirschtomaten mischen; salzen und pfeffern.

Die Gemüsemischung auf geöltes Pergament- oder Brotpapier geben, wie im Rezept beschrieben. Jeweils 2 Medaillons daraufsetzen und mit 6 EL Öl beträufeln. Papier verschließen; Päckchen auf ein Backblech legen. Fleisch im 200 °C heißen Ofen 15 Minuten garen.

Das passt dazu

Kleine Nudeln wie Penne oder Piccolini passen sehr gut zu dieser italienisch inspirierten Rindfleischpfanne. Aber auch französisches Baguette oder türkisches Fladenbrot ist als unkomplizierte Beilage bestens geeignet.

Rindergeschnetzeltes mit grünen Bohnen

Für 4 Portionen

450 g grüne Bohnen (TK-Ware)
Salz
250 g Kirschtomaten
1 Zwiebel
2 Knoblauchzehen
2 EL Olivenöl
600 g Rindfleisch (Filet oder Rumpsteak), in dünne Streifen geschnitten
Pfeffer, frisch gemahlen
1 EL Butter
100 ml Rinderfond
20 Kapernäpfel (etwa 125 g)
2 EL Zitronensaft
10 Basilikumblätter

Zubereitungszeit

25 Minuten

1 Die Bohnen 4 Minuten in Salzwasser kochen. Abgießen, abschrecken und gut abtropfen lassen.

2 Inzwischen die Tomaten waschen und halbieren. Die Zwiebel schälen, halbieren und in feine Streifen schneiden. Den Knoblauch schälen und fein würfeln.

3 In einer großen Pfanne das Öl erhitzen. Das Fleisch darin in zwei Portionen bei starker Hitze rundum 2–3 Minuten braten, dann salzen und pfeffern. Herausnehmen, auf einen Teller geben und zugedeckt beiseitestellen.

4 Die Butter in der Pfanne zerlassen. Zwiebel und Knoblauch darin glasig dünsten. Die Bohnen hinzufügen und 2 Minuten mitbraten. Mit Salz und Pfeffer würzen. Mit dem Fond ablöschen und kurz aufkochen lassen. Fleisch, Kapernäpfel und Tomaten untermischen, kurz erwärmen. Mit Zitronensaft, Salz und Pfeffer würzen. Die Basilikumblätter unter das Gericht heben.

Schlanker Rinderhackbraten

8 Portionen

2 große Zwiebeln, gehackt
2 große Stangen Staudensellerie, klein geschnitten
1 große grüne Paprikaschote, klein geschnitten
3 Knoblauchzehen, fein gehackt
900 g mageres Rinderhackfleisch
80 g frische Weißbrotkrume (etwa 2 Scheiben)
1 Eiweiß
1 TL Salz
½ TL schwarzer Pfeffer, frisch gemahlen
300 g gehackte Tomaten (Dose)
30 g Ketchup

Außerdem

Fett für die Pfanne
1 Kochthermometer

Zubereitungszeit

35 Minuten

Backzeit

1¼ Stunden

1 Den Ofen auf 160 °C vorheizen. Eine beschichtete Pfanne dünn einfetten. Pfanne auf ein mittelstark erhitztes Kochfeld setzen. Zwiebeln, Sellerie, Paprika und Knoblauch darin etwa 5 Minuten weich braten. In eine große Schüssel geben.

2 Rinderhack, Brotkrume, Eiweiß, Salz und Pfeffer zum Gemüse in die Schüssel geben. Mit den Händen vermengen. Tomaten und Ketchup in einer Schüssel mischen, die Hälfte zur Fleischmischung geben und wieder vermengen.

3 Die Masse in eine Bratform füllen und zu einem etwa 25 × 18 cm großen Braten formen. Mit der Handkante in die Mitte eine längliche Vertiefung drücken. Die restliche Tomatensoße hineingeben. Etwa 1¼ Stunden backen, bis ein in die Mitte des Bratens geschobenes Kochthermometer 75 °C anzeigt. Vor dem Aufschneiden 10 Minuten ruhen lassen. Dazu passen Spiralnudeln, vermischt mit frischer, gehackter Petersilie sowie gedämpften Okra- oder Zuckerschoten.

Tafelspitz mit Bouillonkartoffeln

Für 2 Portionen
Salz
400 g Tafelspitz
½ TL schwarze Pfefferkörner
200 g Möhren
150 g Knollensellerie
2 Zwiebeln
1 Stange Lauch
300 g festkochende Kartoffeln
50 g Sahne
Pfeffer, frisch gemahlen
1 Stück frische Meerrettichwurzel (nach Geschmack)
gehackte Petersilie zum Bestreuen

Zubereitungszeit
30 Minuten
Garzeit
1½–2 Stunden

1 In einem Topf etwa 2 l Wasser mit 1 TL Salz zum Kochen bringen. Fleisch und Pfefferkörner hineingeben; die Hitze reduzieren. Das Fleisch in 1½–2 Stunden gar ziehen lassen, dabei immer wieder den aufsteigenden Schaum abschöpfen.

2 Inzwischen Möhren und Sellerie putzen, schälen und in Stifte schneiden. Zwiebeln schälen und vierteln. Lauch putzen, längs halbieren, waschen und in Streifen schneiden. Gut 30 Minuten bevor das Fleisch gar ist, das Gemüse in die Brühe geben und mitgaren.

3 Die Kartoffeln schälen und in kleine Würfel schneiden. 500 ml Tafelspitzbrühe abnehmen und die Kartoffeln darin zugedeckt 15–20 Minuten garen. Die Sahne steif schlagen, mit Salz und Pfeffer würzen. Den Meerrettich schälen, fein reiben und mit der Sahne verrühren.

4 Das Fleisch aus der Brühe nehmen, abtropfen und kurz ruhen lassen, dann in Scheiben schneiden. Den Tafelspitz mit dem Gemüse und der Meerrettich-Sahne auf zwei vorgewärmten Tellern anrichten. Mit Petersilie bestreuen und servieren.

Schon gewusst?

Rindfleisch von guter Qualität versorgt uns nicht nur mit Eisen, sondern auch mit wertvollem Eiweiß, ungesättigten Fettsäuren, B-Vitaminen wie Vitamin B_{12} und Niacin sowie Mineralstoffen und Spurenelementen wie Zink. Diese Vitalstoffe sind für verschiedene Funktionen unseres Organismus unverzichtbar. Sie unterstützen unter anderem das Blut bei der Neubildung, kräftigen das Immunsystem sowie den Stoffwechsel und sorgen für ein gut funktionierendes Nervensystem.

Rinderhüftsteaks mit Radieschensoße

Für 4 Portionen

2 cm frischer Ingwer (etwa 10 g)
2 Knoblauchzehen
Salz
8 EL dunkle Sojasoße
3 EL Sherry
1 ½ TL Rohrohrzucker
4 Rinderhüftsteaks (je etwa 180 g)
Pfeffer, frisch gemahlen
1 TL mittelscharfer Senf
3 EL Apfelessig
1 EL Zitronensaft
8 Radieschen
½ rotschaliger Apfel (z. B. Elstar)
2 Stängel Petersilie

Zubereitungszeit

30 Minuten

1 Ingwer schälen und fein reiben. Knoblauch schälen, grob zerkleinern, salzen und zerdrücken. Für die Marinade Sojasoße und Sherry mit 1 TL Rohrohrzucker sowie Ingwer und zerdrücktem Knoblauch verrühren.

2 Die Steaks trocken tupfen und in eine Schale legen. Mit Pfeffer würzen, mit der Marinade übergießen und darin wenden. Zugedeckt bei Raumtemperatur bis zum Grillen ziehen lassen.

3 Inzwischen aus Salz, Pfeffer, Senf, restlichem Zucker (½ TL), Apfelessig und Zitronensaft eine Soße rühren.

4 Radieschen waschen, putzen und in kleine Würfel schneiden. Apfel waschen und raspeln; sofort mit der Soße mischen. Radieschen untermischen. Die Petersilie waschen, die Blättchen abzupfen und hacken.

5 Die Steaks aus der Marinade nehmen und abtropfen lassen, dabei die Marinade in einem kleinen Topf auffangen.

6 Die Steaks unter gelegentlichem Wenden 6–8 Minuten grillen. Währenddessen die Marinade einmal aufkochen lassen. Die Radieschen-Apfel-Mischung und die Petersilie unter die Marinade rühren. Die Rinderhüftsteaks salzen und mit der lauwarmen Radieschensoße anrichten. Dazu passen Pommes frites.

Rinderlendenbraten in Rotweinsoße

Für 10 Portionen
1 Rinderlendenbraten (1 kg), Fett entfernt
2 TL Salz
1½ TL schwarzer Pfeffer, grob gemahlen
500 ml trockener Rotwein (alternativ Brühe)
1 kg Zwiebeln, gehackt
3 Knoblauchzehen, zerdrückt
6 Zweige frischer Thymian
300 g Champignons, geputzt
1 EL Zucker
360 g junge Möhren
360 g rote oder gelbe Kirschtomaten
500 g breite Eierbandnudeln
Außerdem
Fett für die Pfanne

Zubereitungszeit
75 Minuten
Garzeit
1¼ Stunden

1 Ofen auf 220 °C vorheizen. Braten mit Salz und Pfeffer einreiben. Die Enden unterschlagen und mit einer Schnur zusammenbinden. Wein mit 375 ml Wasser mischen.

2 Eine schwere Pfanne dünn einfetten, auf eine mittelheiße Kochplatte setzen. Fleisch, ein Drittel der Zwiebeln und Knoblauch zugeben. Das Fleisch 10 Minuten rundum scharf anbraten. Knoblauch und Zwiebeln entfernen. Fleisch in den Bräter legen, die Hälfte der Weinmischung und 3 Thymianzweige zugeben. In den Ofen stellen.

3 Inzwischen 5 Pilze für die Garnierung beiseitelegen; restliche Pilze in Scheiben schneiden. Pilzscheiben, restliche Zwiebeln und Zucker in der Pfanne 7 Minuten bräunen. Möhren schälen, waschen und in einem Topf mit kochendem Wasser 5–7 Minuten bissfest garen.

4 Nach 20 Minuten Garzeit Möhren und angebräuntes Gemüse in den Bräter geben. Restliche Weinmischung angießen. Braten so lange im Ofen lassen, bis der gewünschte Garzustand erreicht ist. Für „medium“ benötigt er noch etwa 25 Minuten. Auf ein Schneidebrett legen und 10 Minuten ruhen lassen. Dann in Scheiben schneiden.

5 Die Kirschtomaten waschen, in den Bräter geben und zugedeckt stehen lassen.

6 Währenddessen Nudeln nach Packungsangabe kochen, dann abgießen. Zurückbehaltene Pilze tournieren (Streifen herausschneiden). Eine kleine Pfanne dünn einfetten. Pilze darin etwa 5 Minuten anbraten, bis sie goldgelb sind. Nudeln, Gemüse und Bratenscheiben auf einer Platte anrichten. Mit Pilzen und restlichem Thymian garnieren. Mit Bratensaft servieren.

Hamburger für Feinschmecker

Für 4 Portionen

600 g Rump- oder Lendensteak
1 EL Kapern, abgetropft und leicht gehackt
35 g getrocknete Tomaten, fein gehackt; falls in Öl eingelegt, zuerst trocken tupfen
50 g Sardellenfilets (Dose), abgetropft, trocken getupft und grob gehackt
2 EL Olivenöl
2 TL schwarze Pfefferkörner
400 g in Wasser eingelegte Artischockenherzen (Dose), gut abgetropft
1 Knoblauchzehe, in feine Scheiben geschnitten
2 EL Petersilie, fein gehackt
1 EL Zitronensaft
25 g entsteinte schwarze Oliven, gehackt
ein paar Stängel frische Petersilie (zum Garnieren)

Zubereitungszeit
40 Minuten

1 Vom Steak Fett, Haut und Sehnen wegschneiden. Das Fleisch längs in Streifen schneiden, dann quer in kleine Würfel.

2 Damit der Saft der Steaks erhalten bleibt, sollten diese nicht in der Küchenmaschine zerkleinert, sondern besser von Hand gehackt werden. Dazu ein großes scharfes Messer in beide Hände nehmen, locker halten und abwechselnd in rhythmischen Bewegungen nach oben und nach unten bewegen, um das Steak zu hacken. Das Fleisch mit der flachen Messerseite hochheben, wenden und weiterhacken, bis es ganz fein ist. Wer einen Fleischwolf hat, kann das Steak durchdrehen. Oder Sie lassen es vom Metzger zu Hack verarbeiten.

3 Fleisch, Kapern, Tomaten, Sardellen und 2 TL Olivenöl in eine große Schüssel geben und gut mischen. Auf das Salzen kann verzichtet werden, da die Sardellen genug Salz enthalten.

4 Die Mischung in vier gleich große Portionen aufteilen und jede zu einem Hamburger mit einem Durchmesser von 9–10 cm formen. Die Pfefferkörner mit einer Teigrolle oder im Mörser zerdrücken und als Panade an beide Seiten des Hamburgers drücken.

5 Jedes Artischockenherz längs in 4 Stücke teilen. 1 TL des restlichen Öls in einer Bratpfanne erhitzen und den Knoblauch zufügen. Sobald das Öl anfängt zu brutzeln, den Knoblauch herausnehmen.

6 Die Artischocken in die Pfanne geben und 2–3 Minuten braten, dann Petersilie, Zitronensaft, schwarze Oliven und Knoblauch zugeben. Von der Kochstelle nehmen und warm stellen.

7 Eine gusseiserne Grillpfanne oder eine Bratpfanne mit schwerem Boden erhitzen und mit dem restlichen Öl einpinseln. Darin die Hamburger 1–2 Minuten braten, wenden und nochmals 1–2 Minuten braten. Wer möchte, kann sie auch 2–3 Minuten pro Seite unter einem heißen Ofengrill grillen. Das Steakfleisch ist mager und zart und sollte deshalb nicht zu lange gebraten werden.

8 Die Hamburger auf die Teller verteilen, die heißen Artischockenherzen mit dem Dressing darübergeben und mit Petersilienstängeln garniert servieren. Dazu passt getoastetes Mohnbrötchen.

Rindfleisch-Wraps mit Taboulé

Für 4 Portionen

4 große Pitabrote, halbiert
8 dünne Scheiben rosa gebratenes Roastbeef
4 Scheiben Emmentaler, halbiert
8 Kirschtomaten, geviertelt
1 Avocado, in Scheiben geschnitten
2 EL Hummus (Kichererbsencreme)

Für das Taboulé

200 g Instant-Bulgur
2 Tomaten, gehäutet, entkernt und fein gewürfelt
1 kleine Salatgurke, fein gewürfelt
5 EL Minze, fein gehackt
30 g Petersilie, fein gehackt
2 Frühlingszwiebeln, fein gehackt
2 EL Olivenöl
Saft von 1 Zitrone
Salz

Zubereitungszeit

30 Minuten

1 Für das Taboulé den Bulgur 15 Minuten in heißem Wasser einweichen. Anschließend abgießen, den Bulgur ausdrücken und in einer Schüssel mit den restlichen Zutaten für das Taboulé mischen; mit Salz abschmecken.

2 Die Pitabrothälften mit Taboulé, Roastbeef, Käse, Tomaten, Avocado und Hummus füllen.

Variante

Als Alternative zum Taboulé können Sie eine Persillade zubereiten. Diese Mischung aus Petersilie und Knoblauch (20 g Petersilie, 2 Knoblauchzehen) verleiht vielen Gerichten eine feine Kräuternote. Wichtig: Persillade erst kurz vor dem Servieren unter ein Gericht mischen. Man kann die Persillade noch mit abgeriebener Zitronenschale oder Sardellen würzen. Statt Petersilie können Sie Estragon oder Thymian verwenden.

Rindfleischröllchen nach Balkanart

Für 4 Portionen
8 dünne Rindersteaks (Minutensteaks; je etwa 60 g)
Salz
Pfeffer, frisch gemahlen
8 TL scharfes Ajvar (Paprikapaste)
100 g Tomatenpaprika (Glas), abgetropft
1 kleine weiße Zwiebel
4 EL Olivenöl
2 Knoblauchzehen
2 Zweige Thymian
150 ml Rotwein
1 EL dunkler Soßenbinder
Außerdem
8 Holzspießchen

Zubereitungszeit
25 Minuten
Schmorzeit
5 Minuten

1 Die Steaks trocken tupfen und nebeneinander auf die Arbeitsfläche legen. Die Fleischscheiben auf beiden Seiten mit Salz und Pfeffer bestreuen und zum Schluss auf der oberen Seite mit je 1 TL Ajvar bestreichen.

2 Die Tomatenpaprika in feine Streifen schneiden. Die Zwiebel schälen und fein hacken. Paprikastreifen und Zwiebelwürfel auf dem Fleisch verteilen. Jedes Steak aufrollen und mit einem Holzspießchen zustecken.

3 In einem breiten Schmortopf das Öl erhitzen. Die Röllchen darin rundum in 5 Minuten scharf anbraten. Inzwischen den Knoblauch schälen und in Scheiben schneiden. Mit dem Thymian in den Topf geben.

4 Den Rotwein in den Topf gießen und den Bratensatz loskochen. Die Röllchen zugedeckt bei mittlerer Hitze 5 Minuten schmoren; herausnehmen, warm stellen.

5 Die Soße mit dem Soßenbinder andicken; mit Salz und Pfeffer abschmecken und zu den Röllchen servieren.

Variante

Wenn Sie mögen, können Sie die Steaks statt mit Ajvar mit Pesto (rot oder grün, ganz nach Geschmack) bestreichen. Dafür Paprikaschoten und Zwiebeln weglassen und die Steaks mit Parmaschinken belegen. Ofenkartoffeln, Pommes frites, Reis oder Fladenbrot bieten sich als Beilage zu den Rindfleischröllchen an.

Profi-Tipps

Reichen Sie einen grünen Blattsalat mit Senf-Vinaigrette zu dem Steak-Gröstl. Für noch mehr Aroma das Gröstl mit 1–2 TL Kürbiskernöl beträufeln und mit gerösteten Kürbiskernen bestreuen. Auch gut: 1 TL Majoranblättchen kurz vor Ende der Garzeit unter das Gröstl mischen.

Steak-Gröstl mit Pilzen

Für 4 Portionen

700 g kleine Pellkartoffeln (vom Vortag)
200 g Egerlinge
1 große orange Paprikaschote
1 Zwiebel
300 g Minutensteaks
2 EL Butterschmalz
Salz
Pfeffer, frisch gemahlen
2 Gewürzgurken
1 Bund Schnittlauch

Zubereitungszeit

30 Minuten

1 Die Kartoffeln schälen und in ½ cm breite Scheiben schneiden. Die Pilze abreiben, putzen und in nicht zu dünne Scheiben schneiden. Die Paprikaschote halbieren, putzen, waschen und in 2 cm große Stücke schneiden. Die Zwiebel schälen, halbieren und in Streifen schneiden. Das Fleisch trocken tupfen und in 1 cm breite Streifen schneiden.

2 In einer großen Pfanne 1 EL Butterschmalz erhitzen. Das Fleisch darin bei mittlerer Hitze 1–2 Minuten braten, dann salzen und pfeffern. Aus der Pfanne nehmen.

3 Das übrige Butterschmalz (1 EL) in der Pfanne erhitzen. Die Kartoffelscheiben darin 4–5 Minuten braten, dann wenden. Zwiebel, Pilze und Paprika hinzufügen und alles 5 Minuten braten.

4 Inzwischen die Gewürzgurken in dünne Scheiben schneiden. Den Schnittlauch abbrausen, trocken schütteln und in Röllchen schneiden.

5 Die Gurken kurz vor Ende der Garzeit unter die Kartoffelpfanne heben. Das Gericht mit dem Schnittlauch bestreuen und servieren.

Rumpsteaks mit Tomaten-Kräuter-Kruste

Für 4 Portionen

8 in Öl eingelegte getrocknete Tomaten, abgetropft
12 Zweige Thymian
2 Zweige Rosmarin
60 g weiche Butter
2 EL körniger Senf
30 g Semmelbrösel
Salz
Pfeffer, frisch gemahlen
2 EL Olivenöl
4 Rumpsteaks (je etwa 200 g)

Zubereitungszeit

25 Minuten

1 Die getrockneten Tomaten in kleine Würfel schneiden. Thymian- und Rosmarinzweige waschen, die Blätter bzw. Nadeln abstreifen und hacken.

2 Tomaten und Kräuter mit Butter, Senf und Semmelbröseln vermischen. Mit Salz und Pfeffer würzen.

3 Den Ofengrill oder den Ofen auf 250 °C vorheizen. Die Rumpsteaks trocken tupfen und die Fettkanten mehrmals einschneiden.

4 Das Öl in einer Pfanne heiß werden lassen und die Steaks darin bei starker Hitze auf jeder Seite 2 Minuten braten. Aus der Pfanne auf ein Blech geben.

5 Die Butter-Brösel-Mischung gleichmäßig auf den gebratenen Steaks verteilen. Die Steaks unter dem heißen Ofengrill (zweite Schiene von oben) in 4–5 Minuten goldbraun gratinieren.

Profi-Tipps

Als Beilage passt z. B. ein Salat aus grünen Bohnen, Tomaten und Thymian.

Noch schneller geht's, wenn Sie statt der frischen Kräuter einfach 1 EL getrocknete Kräuter der Provence für die Buttermischung verwenden. Die Rumpsteaks können Sie auch durch Filetsteaks (je 150 g) ersetzen. Und für die Kruste schmecken statt der eingelegten getrockneten Tomaten auch etwa 100 g gehackte entsteinte grüne oder schwarze Oliven.

Thailändischer Rindfleisch-salat mit Erdnüssen

Für 4 Portionen

1 Stück frischer Ingwer (3 cm lang)
4 Stängel frisches Koriander-grün
400 g Rinderfilet
4 EL Sonnenblumenöl
3 EL Limettensaft
2 EL Sojasoße
½ TL Galgantpulver
50 g ungesalzene Erdnüsse
2 rote Zwiebeln
Salz
2 Frühlingszwiebeln
1 frische rote Chilischote
1 kleine Salatgurke
1 Handvoll Minzeblätter (zum Garnieren)

Zubereitungszeit
35 Minuten

1 Den Ingwer schälen und fein hacken. Das Koriandergrün waschen und trocken schütteln, die Blättchen fein hacken. Das Fleisch in sehr dünne, 3–4 cm lange Streifen schneiden.

2 Das Öl im Wok oder in einer beschichteten, tiefen Pfanne erhitzen. Das Fleisch darin unter Rühren rundum bei starker Hitze anbraten, bis kein Saft mehr austritt. In eine Schüssel geben, den Limettensaft, die Sojasoße, den Galgant und den Ingwer untermischen.

3 Wok oder Pfanne mit Küchenpapier auswischen. Die Erdnüsse darin ohne Fett leicht anrösten; zum Fleisch geben. Die roten Zwiebeln schälen, längs halbieren und längs in dünne Streifen schneiden. Die Zwiebeln mit dem Koriandergrün unter das Fleisch mischen. Den Salat mit Salz abschmecken.

4 Die Frühlingszwiebeln putzen und waschen. Hellgrüne und weiße Teile schräg in Scheiben schneiden. Die Chilischote halbieren, putzen, waschen und dann in feine Streifen schneiden. Gurke und Minze waschen, die Gurke in dünne Scheiben schneiden.

5 Den Rindfleischsalat auf Teller verteilen. Mit Frühlingszwiebeln und Chilistreifen bestreuen und mit Gurkenscheiben sowie Minzeblättern garnieren. Dazu passt Basmatireis oder Weißbrot.

Schon gewusst?

Erdnüsse gehören zu den Hülsenfrüchten und enthalten besonders wertvolles Eiweiß. Damit lassen sich viele Gerichte sowohl geschmacklich als auch gesundheitlich aufwerten.

Das Gericht schmeckt auch mit gehackten Cashewkernen. Sie sind unter anderem reich an B-Vitaminen und damit ebenfalls sehr wertvoll.

Besonders einfaches „Steak Diane“

Für 4 Portionen
3 große Knoblauchzehen
3 EL Butter
3 EL Olivenöl
4 Rinderfilet oder Ribeye-Steaks ohne Knochen (je 200 g)
300 g Kaffeesahne
2 EL Petersilie, gehackt
Außerdem
Aluminiumfolie

Zubereitungszeit
25 Minuten

1 Den Knoblauch fein hacken und beiseitestellen.

2 Butter und Öl in einer großen Pfanne bei mittlerer Temperatur erhitzen, bis die Butter schäumt. Das Fleisch in 2 Portionen teilen, damit die Pfanne nicht zu voll wird. Jede Portion 2 Minuten pro Seite braten und dann auf einen Teller legen. Zum Warmhalten locker mit Aluminiumfolie abdecken.

3 Den Knoblauch in die Pfanne geben und unter Rühren Farbe annehmen lassen. Die Kaffeesahne mit einem Holzlöffel oder hitzefesten Pfannenwender einrühren. Dabei den Pfannensatz ablösen und unterrühren. Die Hitze stark reduzieren und die Soße ohne Deckel etwa 4 Minuten simmern lassen, bis sie leicht eingedickt ist.

4 Die gehackte Petersilie unterziehen. Die Steaks in die Soße legen und 2 Minuten erhitzen. Heiß servieren.

Schon gewusst?

Das Gericht ist nach der römischen Jagdgöttin Diana benannt und hat seine Wurzeln vermutlich im New York der 1920er-Jahre. Üblicherweise wird es in Restaurants vor dem Servieren am Tisch flambiert.

Profi-Tipps

Braten Sie das Fleisch auf zweimal an, auch wenn es etwas länger dauert. Das Ergebnis lohnt die Mühen. Denn dann bräunt es besser und entwickelt einen guten Geschmack. Wenn die Pfanne zu voll wird, tritt so viel Flüssigkeit aus, dass sie nicht gleich verkochen kann. Die Folge: Die Scheiben dünsten eher, anstatt zu braten.

Als Beilage können Sie knusprige Pommes frites und einen knackigen Blattsalat reichen.

Schon gewusst?

Der Bug ist die Schulter des Rindes und eine gute Wahl für dieses Gericht – er ist sehr preisgünstig, schmort wunderbar, ist nach der Niedrigtemperaturzubereitung ziemlich zart und lässt sich gut schneiden. Alternativ könnten Sie auch Rollbraten aus der Rinderbrust verwenden.

Rinderschmorbraten

Für 6 Portionen

2 EL Weizenmehl
1 TL Senfpulver
Salz
schwarzer Pfeffer, frisch gemahlen
1,2 kg Rinderschulter oder Rinderbug, überschüssiges Fett entfernt
1 EL Olivenöl
1 Zwiebel, gewürfelt
1 Möhre, geschält und gewürfelt
2 Stangen Staudensellerie, gewürfelt
2 Scheiben Speck ohne Schwarte, fein gehackt
1 Lorbeerblatt
etwa 250 ml Rinderbrühe plus Brühe zum Nachgießen

Außerdem

Aluminiumfolie

Zubereitungszeit

30 Minuten

Schmorzeit

2 Stunden

1 Mehl und Senfpulver verrühren und mit Salz und Pfeffer würzen. Das Fleisch mit der Mischung einreiben.

2 Das Olivenöl in einem großen Bräter oder Kochtopf mit schwerem Boden auf mittlerer Temperatur erhitzen. Das Fleisch darin rundum anbraten, ohne dass das Mehl verbrennt. Aus dem Öl heben und beiseitestellen.

3 Zwiebel, Möhre, Sellerie und Speck in den Topf geben und 4 Minuten im Öl anbraten, bis die Zwiebel weich ist. Lorbeer und Brühe zugeben und aufkochen. Die Hitze auf schwache Temperatur reduzieren, sodass die Mischung nur noch simmert.

4 Das Rindfleisch auf das Gemüse im Topf setzen. Den Deckel auflegen und 2 Stunden schmoren, bis das Fleisch weich ist – eine Gabel sollte leicht bis in die Mitte gelangen. Das Fleisch dabei von Zeit zu Zeit wenden und nach Bedarf Brühe nachgießen (etwa 80 ml pro Portion). Es ist wichtig, die Temperatur beim Schmoren niedrig zu halten. Das sollte, genau wie die Flüssigkeitsmenge, oft überprüft und angepasst werden.

5 Das Fleisch auf eine vorgewärmte Servierplatte heben und locker mit Aluminiumfolie abdecken. 15 Minuten ruhen lassen.

6 Zum Servieren das Fleisch in dünne Scheiben schneiden und das heiße Gemüse mit der Schmorflüssigkeit darüberlöffeln. Dazu passen Salzkartoffeln oder Baguette.

Sonntagsrostbraten nach englischer Art

Für 4 Portionen
1,5 kg magere Rinderlende, aufgerollt und mit Küchengarn gebunden, überschüssiges Fett entfernt
schwarzer Pfeffer, frisch gemahlen
4 TL Senf
450 ml Rinderbrühe
Salz

Für den Yorkshire-Pudding
50 g Weizenmehl
Salz
1 Ei
100 ml fettreduzierte Milch
2 TL Sonnenblumenöl

Für das Röstgemüse
1,5 kg mehligkochende Kartoffeln, geschält und in gleich große Stücke geschnitten
700 g kleine Pastinaken, längs halbiert oder geviertelt
700 g kleine Möhren, längs halbiert oder geviertelt
3 EL Sonnenblumenöl
700 g Brokkoliröschen

Außerdem
Bräter mit Rost
Muffinblech mit zwölf Mulden
Aluminiumfolie

Zubereitungszeit
1¼ Stunden

Garzeit
1¼ Stunden

1 Den Ofen auf 180 °C vorheizen. Fleisch mit der Fettseite nach oben auf den Rost legen. Pfeffern und mit 3 TL des Senfs bestreichen. In den Ofen schieben und eine Fettpfanne darunterstellen. Etwa 1¼ Stunden garen („medium“), von Zeit zu Zeit mit dem Fleischsaft übergießen.

2 In der Zwischenzeit den Teig für den Yorkshire-Pudding herstellen: In einer Schüssel das Mehl mit einer Prise Salz vermengen. Eine Mulde in die Mitte drücken und das Ei hineinschlagen. Eine kleine Menge der Milch hineingießen und allmählich das Mehl einrühren. Langsam die restliche Milch und 4 EL Wasser unterschlagen, bis das ganze Mehl eingearbeitet und der Teig geschmeidig ist. Beiseitestellen.

3 Für das Gemüse die Kartoffeln in einem großen Topf in kochendem Wasser 5 Minuten garen. Gründlich abgießen und wieder in den Topf geben. Den Deckel aufsetzen und den Topf schütteln, um die Oberfläche der Kartoffeln aufzurauen (so werden sie später knuspriger). Pastinaken und Möhren in einem zweiten Topf mit kochendem Wasser 3 Minuten sprudelnd kochen, dann abseihen.

4 1 Stunde bevor das Fleisch gar ist, ein beschichtetes Blech mit 2 EL Öl bestreichen; ein weiteres Blech mit 1 EL Öl bepinseln. Auf dem Herd erwärmen und die Kartoffeln in das Blech mit 2 EL Öl geben, darin schwenken. Die Pastinaken in das Blech mit 1 EL Öl legen. Die Bleche sofort zum Braten in den Ofen schieben. Nach 30 Minuten Kartoffeln und Pastinaken wenden, damit sie gleichmäßig bräunen.

5 Wenn das Fleisch gar ist, den Bräter aus dem Ofen nehmen und die Ofentemperatur auf 220 °C erhöhen. Den Braten auf eine vorgewärmte Platte legen, mit Aluminiumfolie abdecken und warm halten. Das Muffinblech mit dem Öl für den Yorkshire-Pudding bestreichen und im Ofen (oben) 2–3 Minuten erwärmen. (Die Kartoffeln gegebenenfalls nach unten versetzen.) Den Teig noch einmal verrühren, in die Förmchen gießen und etwa 15 Minuten backen, bis die Küchlein aufgegangen und goldbraun gebacken sind.

6 Inzwischen den Brokkoli etwa 10 Minuten dämpfen, bis er bissfest gegart ist. Nun die Soße zubereiten: Aus dem Bräter das Fett sehr langsam abgießen, den Bratensatz übrig lassen. Den Bräter auf den Herd setzen und die Brühe hineingießen. Aufkochen und unter Rühren den Bratensatz vom Boden lösen. Die Soße unter leichtem Köcheln einreduzieren. Mit Salz und Pfeffer abschmecken und den restlichen Senf einrühren.

7 Zum Servieren das Fleisch auf eine vorgewärmte Servierplatte legen. Kartoffeln und Pastinaken mit dem Yorkshire-Pudding rundum verteilen. Den Brokkoli in eine vorgewärmte Servierschüssel füllen. Den aus dem Braten ausgetretenen Fleischsaft unter die Soße rühren und das Fett abschöpfen. In eine Sauciere füllen und alles sofort servieren.

Rindfleischsalat „Waldorf“

Für 4 Portionen

2 Rinderfiletsteaks (je 150 g), Fett entfernt
¼ TL Olivenöl
schwarzer Pfeffer, frisch gemahlen
250 g Radieschen, in dünne Scheiben geschnitten
3 Möhren, gerieben
1 kleine gelbe Paprikaschote, entkernt und in dünne Scheiben geschnitten
2 Stangen Staudensellerie, diagonal in Scheiben geschnitten
3 Frühlingszwiebeln, diagonal in Scheiben geschnitten
30 g Walnusskerne
55 g Rosinen oder Sultaninen
2 kleine Tafeläpfel
2 TL Zitronensaft
Salz
100 g Rucola oder Brunnenkresse

Für das Dressing

2 EL Ganzkornsenf
3 EL Mayonnaise
3 EL Joghurt griechischer Art

Zubereitungszeit

30 Minuten

1 Die Steaks mit dem Öl einreiben und pfeffern. Eine gerillte gusseiserne Grillpfanne oder eine beschichtete Pfanne auf mittlerer Temperatur erhitzen. Die Steaks hineinlegen und pro Seite 3 Minuten (Gargrad „medium rare“) oder 4 Minuten (Gargrad „medium“) braten. Die Bratzeiten gelten für 2 cm dicke Steaks; bei abweichenden Fleischdicken etwas anpassen. Die Steaks aus der Pfanne nehmen und mindestens 15 Minuten abkühlen lassen.

2 In der Zwischenzeit für das Dressing Senf, Mayonnaise und Joghurt in einer kleinen Schüssel gründlich verrühren.

3 Radieschen, Möhren, Paprika, Sellerie, Frühlingszwiebeln, Walnusskerne und Rosinen oder Sultaninen in eine große Schüssel geben. Die Äpfel vierteln und das Kerngehäuse entfernen, dann in 2 cm große Stücke schneiden und in Zitronensaft wenden. Diese mit der Hälfte des Dressings ebenfalls in die Schüssel füllen. Alles gut vermengen, sodass die Zutaten gründlich mit Dressing überzogen sind. Nach Geschmack salzen und pfeffern.

4 Zum Servieren Rucola oder Brunnenkresse auf vier Teller häufen und den Apfel-Gemüse-Salat daneben anrichten. Die Steaks in dünne Scheiben schneiden und darauf anrichten. Nach Belieben Brot dazu reichen.

Schon gewusst?

Äpfel liefern eine ansehnliche Menge an Vitamin C und löslichen Ballaststoffen in Form von Pektin. Essen Sie die Äpfel mitsamt Schale, so erhalten Sie die meisten Ballastsoffe.

Alle Zuckerarten in diesem Gericht liegen in natürlicher Form vor, d. h., sie stammen aus dem Obst (Rosinen und Äpfel) und Gemüse (Radieschen, Möhren, gelbe Paprikaschote, Staudensellerie, Frühlingszwiebeln und Brunnenkresse). Die ebenfalls enthaltenen Ballaststoffe steuern die Zuckeraufnahme ins Blut.

SALT

Pot-au-feu

Für 6 Portionen
2 kg Rollbraten aus der Rinderbrust
30 g frische Petersilie, grob gehackt
2 Knoblauchzehen, zerdrückt
Salz
schwarzer Pfeffer, frisch gemahlen
500 g Rinderquerrippe
2 l Rinderbrühe
2 Lorbeerblätter
4 Zweige frischer Thymian
6–8 schwarze Pfefferkörner
3 Möhren, geschält und in 6 cm lange Stücke geschnitten
2 Lauchstangen, nur das Weiße, gründlich gewaschen und in 6 cm lange Stücke geschnitten
4 kleine Speiserüben, geschält (oder 1 große Rübe, in 6 Stücke geschnitten)
6 Kartoffeln, Sorte „Kipfler" (oder eine andere Salatkartoffel), gewaschen, längs halbiert

Außerdem
Küchengarn
Aluminiumfolie

Zubereitungszeit
45 Minuten
Schmorzeit
2 ¼ Stunden

1 Den Rollbraten ausrollen; dazu, falls nötig, das Küchengarn durchschneiden. Petersilie, Knoblauch, eine Prise Salz und frisch gemahlenen Pfeffer in einer kleinen Schüssel vermengen. Das Fleisch innen damit einreiben, wieder aufrollen und an drei bis vier Stellen mit Küchengarn umwickeln und zubinden.

2 Rollbraten und Rippchen in einen großen Topf legen. Die Brühe angießen und auf mittlerer Temperatur langsam zum Kochen bringen. Den Schaum an der Oberfläche abschöpfen, dann die Hitze reduzieren. Die Flüssigkeit sollte das Fleisch etwa 6 cm hoch bedecken und nur ganz leicht simmern. Falls nötig, noch etwas Wasser nachgießen.

3 Lorbeer, Thymian und Pfefferkörner zugeben. Die Flüssigkeit immer kurz unter dem Kochpunkt halten und das Fleisch 1¾ Stunden darin schmoren. Dann Möhren, Lauch, Rüben und Kartoffeln zugeben und 30 Minuten weitersimmern, bis das Gemüse bissfest gegart und das Fleisch weich ist, wenn man hineinsticht. Eine Gabel sollte leicht bis in die Mitte des Bratens gelangen.

4 Gemüse, Braten und Rippchen vorsichtig aus der Brühe heben und auf einer vorgewärmten Servierplatte anrichten. Locker mit Aluminiumfolie abdecken und vor dem Aufschneiden 15 Minuten ruhen lassen.

5 Die Kochflüssigkeit durch ein Sieb abseihen und als Suppe servieren oder einige Kellen davon über die Bratenscheiben, die Rippchen und das Gemüse schöpfen.

Profi-Tipps

Beobachten Sie die Temperatur möglichst genau, damit die Flüssigkeit kaum noch simmert – sprudelndes Kochen macht das Fleisch faserig und trocken.

Übrig gebliebene Brühe können Sie in praktischen 250-ml-Portionen einfrieren und als aromatische Rindersuppe verwenden.

Kalb – zart und bekömmlich

Das Fleisch mit der hübschen hellrosa Farbe ist reich an Proteinen und arm an Fett. Damit eignet es sich nicht nur bestens für Braten- und Schmorgerichte, es ist auch ideal für Ihre Gesundheit. Wie wäre es mit einem köstlichen Saltimbocca mit Marsalasoße, klassischen Königsberger Klopsen oder geschmorter Kalbsschulter? Lassen Sie es sich schmecken!

Schon gewusst?

Im Vergleich zu Rind und Lammfleisch enthält Kalbfleisch wenig gesättigtes Fett und Fett insgesamt. Es ist auch eine gute Quelle für zwei B-Vitamine, Niacin und Riboflavin, die bei der Verstoffwechselung von Fett mithelfen. Studien zeigen, dass Niacin zur Senkung des Cholesterinspiegels beiträgt.

Geschmorte Kalbsschulter

Für 4 Portionen

1 kg Kalbschulter
Salz
Pfeffer, frisch gemahlen
1 – 2 Eier, hart gekocht und geschält
4 Gewürzgurken
1 EL Petersilie, gehackt
einige Champignons, in Scheiben geschnitten
60 g Butter
1 Möhre, in grobe Stücke geschnitten
1 Zwiebel, geschält und halbiert
1 EL Tomatenmark
100 ml Rotwein
etwa 500 ml Wasser oder Fleischbrühe zum Aufgießen
1 TL Speisestärke

Außerdem

Küchengarn

Zubereitungszeit

1 Stunde

Garzeit

1½ Stunden

1 Den Ofen auf 180 °C vorheizen.

2 Das Fleisch mit der Innenseite nach oben auf die Arbeitsfläche legen und flach klopfen. Mit Salz sowie Pfeffer einreiben.

3 An einer Seite des Fleisches die Eier platzieren und das Fleisch ein Stück weit aufrollen. Nun die Gewürzgurken, Petersilie und die Champignons auf das Fleisch legen und weiter aufrollen. Den Braten mit Küchengarn rundum festbinden.

4 In einem Bräter die Butter erhitzen und den Braten darin von allen Seiten braun anbraten. Möhre und Zwiebel mitbräunen. Tomatenmark einrühren, kurz anschwitzen. Mit Rotwein ablöschen. Anschließend etwas Wasser oder Brühe angießen und den Bräter in den Ofen stellen. Das Fleisch etwa 1½ Stunden garen, dabei regelmäßig mit Bratensaft übergießen, bei Bedarf mehr Brühe dazugeben.

5 Den Braten aus dem Bräter nehmen, die Soße durch ein Sieb in einen Topf passieren. Bei Bedarf einkochen lassen. Zum Abbinden der Soße die Stärke mit wenig kaltem Wasser anrühren und in die Soße einrühren. Kurz aufkochen lassen.

6 Den Braten aufschneiden, auf Tellern anrichten und mit Soße beträufelt servieren. Dazu passen Kartoffeln, Nudeln und gedünstetes Gemüse.

Kalbsschnitzel Marsala

4 Portionen
12 große weiße Champignons
450 g Kalbsschnitzel
½ TL Pfeffer, frisch gemahlen
¼ TL Salz
30 g Mehl (Type 405)
2 EL Margarine, in 4 Stücke geschnitten
160 ml trockener Marsalawein
3 EL Petersilie, gehackt
Außerdem
Pergamentpapier
Plastikbeutel

Zubereitungszeit
30 Minuten

1 Den Ofen auf 250 °C vorheizen. Backblech in die mittlere Schiene schieben. Harte Teile der Pilzstängel entfernen. Pilze in dünne Scheiben schneiden. Beiseitestellen.

2 Kalbsschnitzel zwischen zwei Schichten Pergamentpapier legen. Von der Mitte ausgehend mit einem Fleischklopfer auf 3 mm Dicke plätten. Mit Pfeffer und Salz bestreuen. Mehl in einen Plastikbeutel füllen, Kalbfleisch portionsweise zugeben, Beutel zuhalten und schütteln.

3 Eine große beschichtete Pfanne stark erhitzen. 1 Stück Margarine darin durch Schwenken zum Schmelzen bringen. Kalbsschnitzel darin portionsweise bräunen. Wenn nötig, weitere Margarine zufügen. Schnitzel auf jeder Seite etwa 1 Minute anbraten und nur einmal wenden. Schnitzel auf das Backblech im Ofen legen.

4 Pilze in derselben Pfanne in etwa 3 Minuten goldgelb braten. Marsala angießen. Bodensatz lösen. 2 Minuten bzw. so lange kochen, bis die Flüssigkeit auf etwa 140 ml reduziert ist. Schnitzel wieder in die Pfanne geben. Fleisch gegebenenfalls aufeinanderlegen. Zum Überziehen in der Soße wenden. Mit Petersilie bestreuen. Dazu passt Langkornreis.

Variante

Anstatt die Schnitzelchen mit Tapenade zu bestreichen, können Sie sie pfeffern, salzen, mit Senf bestreichen, mit Parmaschinken belegen und darauf eine Mischung aus gehackten Kapern und Sardellen verteilen.

Involtini – italienische Kalbfleischröllchen

Für 4 Portionen

2 Frühlingszwiebeln
8 dünne Kalbsschnitzel (je etwa 80 g)
Salz
Pfeffer, frisch gemahlen
4 EL Grüner-Oliven-Brotaufstrich oder Tapenade
50 g Parmesan, frisch gerieben
16 Basilikumblätter
2 EL Olivenöl
2 EL Butter
100 ml trockener Weißwein oder Fleischbrühe
200 g passierte Tomaten (Passata)
abgeriebene Schale von ½ unbehandelten Zitrone

Außerdem

Holzspießchen

Zubereitungszeit

30 Minuten

1 Die Frühlingszwiebeln waschen, putzen und in sehr feine Ringe schneiden. Die Kalbsschnitzel mit dem Handballen flach drücken, auf beiden Seiten leicht salzen und pfeffern.

2 Die Schnitzel mit Olivenpaste bestreichen – aber nicht ganz bis zum Rand hin. Mit Frühlingszwiebeln und Parmesan bestreuen und darauf je 1 Basilikumblatt legen. Das Fleisch aufrollen und mit Holzspießchen zusammenstecken.

3 Das Olivenöl und die Butter in einem Bratentopf oder in einer großen Pfanne erhitzen. Die Fleischröllchen darin rundum bei mittlerer Hitze in 3–4 Minuten goldbraun braten.

4 Wein oder Brühe dazugießen, aufkochen und 1 Minute kochen lassen. Anschließend die passierten Tomaten einrühren und alles bei mittlerer Hitze zugedeckt 8 Minuten schmoren lassen.

5 Die restlichen Basilikumblätter abzupfen; die größeren davon in Streifen schneiden. Basilikum und abgeriebene Zitronenschale in die Soße rühren. Dazu passen breite Pappardelle, Reis oder Salzkartoffeln.

Vitello tonnato

Für 4 Portionen
1 kg Kalbfleisch
Für die Marinade
1 Zwiebel
1 Möhre
1 Stange Staudensellerie
1 Nelke
1 Lorbeerblatt
Salz
1 Zweig Estragon
1 TL Pfefferkörner
750 ml trockener Weißwein
Für die Thunfisch-Mayonnaise
200 g Thunfisch in Öl (Dose)
3 Sardellenfilets
2 Eigelb
1 EL Zitronensaft
1 EL Petersilie, gehackt
Salz
Pfeffer, frisch gemahlen
250 ml Olivenöl
2 EL Kapern
Außerdem
Küchengarn

Zubereitungszeit
1 Stunde
Marinierzeit
einige Stunden
Garzeit
1 – 1½ Stunden
Kühlzeit
mindestens 2 Stunden

1 Das Fleisch in einen großen Topf legen. Zwiebel, Möhre und Staudensellerie waschen, putzen und in kleine Stücke schneiden. Zusammen mit den restlichen Zutaten für die Marinade zum Fleisch geben. Zugedeckt einige Stunden (am besten über Nacht) im Kühlschrank ziehen lassen.

2 Das Fleisch aus der Marinade nehmen und mit Küchengarn in Form binden. Die Marinade im Topf aufkochen, das Fleisch hineinlegen und etwa 1 – 1½ Stunden bei niedriger Temperatur garen. Anschließend im Kochsud abkühlen lassen.

3 Für die Thunfisch-Mayonnaise alle Zutaten mit 1 EL Kapern im Mixer auf höchster Stufe cremig mixen. Bei Bedarf etwas Kochsud unterrühren.

4 Das Fleisch in dünne Scheiben schneiden und auf einer Servierplatte anrichten. Die Thunfisch-Mayonnaise darüber verteilen und mit den restlichen Kapern (1 EL) garnieren. Vor dem Servieren im Kühlschrank mindestens 2 Stunden ziehen lassen. Nach Belieben Brot dazu reichen.

Profi-Tipps

Vitello tonnato können Sie auch sehr gut aus Bratenresten zubereiten. Dazu einfach Reste eines Kalbsbratens in Scheiben schneiden.

Für eine schnelle Thunfisch-Mayonnaise den Thunfisch mit 4 EL fertiger Salatmayonnaise fein mixen und mit Salz, Pfeffer und Zitronensaft abschmecken. Bei Bedarf etwas Wasser zugeben, damit die Mayonnaise cremiger wird.

Gefüllte Kalbskoteletts mit Feta

Für 4 Portionen
4 Kalbskoteletts (je 250 g), jeweils eine tiefe Tasche eingeschnitten
4 TL Tomaten-Pesto (Glas)
150 g Feta
Salz
Pfeffer, frisch gemahlen
2 Zweige Rosmarin
2 Knoblauchzehen
2 EL Olivenöl
4 Scheiben geräucherter Bauchspeck
Außerdem
Holzspießchen

Zubereitungszeit
35 Minuten

1 Den Ofen auf 180 °C vorheizen. Die Koteletts innen und außen trocken tupfen. Das Tomaten-Pesto in die Fleischtaschen streichen.

2 Den Feta zerbröckeln und ebenfalls in die Taschen füllen. Dann die Öffnungen mit Holzspießchen verschließen. Die Koteletts auf beiden Seiten mit Salz und Pfeffer würzen.

3 Die Rosmarinzweige waschen und trocken schütteln. Die Knoblauchzehen schälen und in Scheiben schneiden.

4 Das Olivenöl in einer großen Pfanne erhitzen. Die Koteletts mit Rosmarin und Knoblauch im heißen Öl auf jeder Seite in 3 Minuten goldbraun braten.

5 Anschließend die Koteletts mit Knoblauch und Rosmarin auf ein Backblech legen; jeweils 1 Scheibe Speck daraufgeben. Die Koteletts im heißen Ofen 10–12 Minuten braten, bis sie gar sind. Dazu passen ein frischer Blattsalat und Baguette.

Profi-Tipps

Die Koteletts eignen sich prima für eine größere Gästerunde. Einfach die Mengen entsprechend vervielfachen und die Koteletts schon im Voraus füllen.

Größere Mengen sollten allerdings beim Metzger vorbestellt werden. Dann können Sie ihn auch gleich bitten, das Einschneiden der Koteletts für Sie zu übernehmen.

Kalbsgyros mit Joghurtsoße

Für 4 Portionen

800 g Kalbfleisch (Oberschale), geschnetzelt
6 EL Olivenöl
4 TL Gyrosgewürz
300 g Sahnejoghurt
2 TL Zitronensaft
1 TL Chiliflocken oder zerbröselte getrocknete Chilischote
Salz
Pfeffer, frisch gemahlen
1 Knoblauchzehe
4 Tomaten
1 Bund Petersilie

Zubereitungszeit

25 Minuten

1 Das Fleisch in einer Schüssel mit 4 EL Olivenöl und dem Gyrosgewürz mischen und 10 Minuten marinieren.

2 Inzwischen den Joghurt mit dem restlichen Öl (2 EL), Zitronensaft und Chiliflocken verrühren. Mit Salz und Pfeffer würzen. Knoblauchzehe schälen, fein hacken und unterrühren.

3 Tomaten waschen, von den grünen Stielansätzen befreien und achteln. Petersilie waschen und trocken schütteln, die Blätter grob hacken.

4 Eine Pfanne stark erhitzen und das marinierte Fleisch darin in zwei Portionen unter Wenden jeweils 4–5 Minuten kräftig braten. Mit Salz und Pfeffer würzen, herausnehmen. Den Bratensatz mit 4 EL Wasser loskochen.

5 Das Fleisch mit Tomaten und Petersilie anrichten. Mit Bratensaft beträufeln und die Joghurtsoße dazu reichen.

Das passt dazu

Im Ofen aufgebackenes Fladenbrot schmeckt zu Gyros am allerbesten. Dünne Fladenbrote können Sie auch in einer Pfanne in heißem Olivenöl braten.

Profi-Tipp

Sie sparen Zeit, wenn Sie, statt das Fleisch selbst zu marinieren, fertig eingelegte Gyrosfleischstreifen von der Fleischtheke verwenden.

Königsberger Klopse

Für 4 Portionen

Für die Klopse

500 g Hackfleisch vom Kalb oder gemischtes Hackfleisch
Salz
Pfeffer, frisch gemahlen
Mukatnuss, frisch gerieben
Butter zum Anbraten
1 Zwiebel, gehackt
1 altbackenes Brötchen, in Wasser eingeweicht
1 Ei
1 Bund Petersilie, gehackt
3–4 Sardellenfilets, gehackt, oder 1 TL Sardellenpaste
Semmelbrösel (nach Bedarf)

Für die Kapernsoße

60 g Butter
60 g Mehl
2 EL Kapern
3 EL Sahne
Salz
Pfeffer, frisch gemahlen
Zitronensaft (zum Abschmecken)
Weißwein (zum Abschmecken)

Zubereitungszeit

1 Stunde

1 Für die Klopse das Hackfleisch in eine Schüssel geben und mit Salz, Pfeffer sowie Muskat würzen. Etwas Butter in einer Pfanne zerlassen und die Zwiebel darin anschwitzen. Das Brötchen ausdrücken. Zwiebel, Brötchen, Ei, Petersilie und Sardellen zum Hackfleisch geben und alles zu einem Fleischteig verkneten. Ist der Teig zu feucht, etwas Semmelbrösel dazugeben. Ist er zu trocken, einige EL kaltes Wasser hinzufügen. Aus der Masse etwa 12 kleine Klopse formen.

2 Salzwasser in einem ausreichend großen Topf zum Kochen bringen und die Klopse darin etwa 10 Minuten köcheln lassen. Anschließend noch im heißen Wasser ziehen lassen.

3 In der Zwischenzeit die Kapernsoße zubereiten. Dazu 500 ml vom Sud der Klopse abmessen.

4 Für die Soße Butter in einem Topf zerlassen. Das Mehl unter ständigem Rühren einstreuen und hell anschwitzen. Nach und nach den Sud unter Rühren zugießen und alles bei mittlerer Hitze aufkochen. Anschließend bei schwacher Hitze etwa 15 Minuten köcheln lassen. Je nach gewünschter Konsistenz mehr Mehl oder Flüssigkeit zugeben.

5 Kapern und Sahne in die Soße rühren. Mit Salz, Pfeffer, Zitronensaft und Weißwein abschmecken.

6 Die Klopse in der Soße erwärmen und servieren. Dazu passen Salzkartoffeln oder Reis.

Schon gewusst?

Die Rezeptur dieses berühmten Gerichts stammt aus dem ehemals ostpreußischen Königsberg, dem heutigen Kaliningrad. Dort lehrte ab 1770 auch Immanuel Kant an der Universität. Der sparsame Professor ließ dieses Gericht häufiger für seine Gäste zubereiten – wohl auch wegen der niedrigen Kosten. Salzhering kam öfter statt Sardellen in den Fleischteig, vor allem in ärmeren Haushalten. Ein häufiger Streitpunkt ist die Frage, ob nun Kalb-, Rind oder Schweinefleisch für die Klopse verwendet werden soll. Das bleibt wohl Geschmackssache.

Gefüllte Kalbsbrust

6 Portionen

2 EL Sonnenblumenöl
20 g Butter
1,3 kg Kalbsbrust (vom Metzger eine große Tasche hineinschneiden lassen)
300 g Schalotten, geschält
400 g zarter Wirsing, grob gehackt
30 g getrocknete Steinpilze, eingeweicht
1 Zwiebel, in kleine Würfel geschnitten
100 ml Portwein
Salz
Pfeffer, frisch gemahlen
1 Msp. gemahlene Muskatblüte
4 Zweige Majoran
300 ml Kalbsfond
3 EL Crème fraîche

Zubereitungszeit
40 Minuten
Garzeit
1½ Stunden

1 Öl und 10 g Butter in einem großen Bräter erhitzen. Die Kalbsbrust darin rundum scharf anbraten. Aus dem Bräter nehmen und beiseitestellen. Die restlichen 10 g Butter in den Bräter geben und die Schalotten darin anbraten. Herausnehmen und ebenfalls beiseitestellen.

2 Den Ofen auf 180 °C vorheizen. Den Wirsing im restlichen Fett im Bräter andünsten. Die Pilze abgießen, den Sud auffangen. Pilze und Zwiebel zum Wirsing geben und 3–4 Minuten mit anbraten. Pilzsud durch ein feines Sieb zum Wirsing gießen, den Portwein ebenfalls zugießen. Das Gemüse mit Salz, Pfeffer und Muskatblüte würzen und zugedeckt 10 Minuten bei mittlerer Hitze schmoren.

3 Die Kalbsbrust rundum mit Salz und Pfeffer würzen, anschließend mit dem Wirsinggemüse füllen und in den Bräter legen. Schalotten und Majoranzweige rundum verteilen. Den Kalbsfond angießen und die Kalbsbrust zugedeckt im heißen Ofen etwa 1½ Stunden braten.

4 Die Kalbsbrust aus dem Bräter nehmen, kurz ruhen lassen, dann in Scheiben schneiden. Die Soße mit Salz und Pfeffer herzhaft abschmecken, Crème fraîche unterrühren. Die Soße zum Fleisch servieren. Dazu schmecken Salzkartoffeln, Kartoffelklöße oder Nudeln.

Gratinierte Kalbslende mit Calvadossoße

Für 4 Portionen
2 EL Öl plus etwas mehr für die Form
4 Schalotten
2 Knoblauchzehen
4 Scheiben Kalbslende (je etwa 150 g)
Salz
Pfeffer, frisch gemahlen
¼ TL gemahlenes Piment
¼ TL Zucker
1 EL Tomatenmark
150 ml Kalbsfond (Glas)
100 g Sahne
1 TL Mehl
75 g Crème fraîche
1 TL Estragonsenf oder mittelscharfer Senf
1 TL Estragonessig
1 EL Calvados
¼ TL edelsüßes Paprikapulver
1 Msp. Cayennepfeffer
75 g geriebener Gruyère oder Emmentaler
Schnittlauch, geschnitten (nach Belieben)

Zubereitungszeit
25 Minuten

1 Eine flache Auflaufform fetten (sie sollte möglichst so groß sein, dass die Fleischscheiben gerade nebeneinander hineinpassen). Den Ofen auf 250 °C vorheizen. Die Schalotten schälen und würfeln. Den Knoblauch schälen und fein hacken. Das Fleisch trocken tupfen.

2 Das Öl in einer Pfanne mit hohem Rand erhitzen. Die Lendenscheiben darin auf jeder Seite 2 Minuten anbraten. Mit Salz, Pfeffer und Piment würzen und in die Auflaufform legen.

3 Schalotten mit Knoblauch in der Pfanne im Bratfett kurz glasig werden lassen. Zucker und Tomatenmark hinzufügen und ein paar Sekunden mit erhitzen. Kalbsfond dazugießen und offen etwa 3 Minuten köcheln lassen, dabei gelegentlich umrühren.

4 Die Sahne mit dem Mehl verquirlen und in den Fond rühren. 1 Minute unter gelegentlichem Rühren köcheln lassen. Crème fraîche und Senf unterrühren. Die Soße mit Estragonessig, Calvados, Paprikapulver, Cayennepfeffer, Salz und Pfeffer abschmecken.

5 Die Fleischscheiben mit der Soße bedecken. Den Käse darüberstreuen. Den Ofen auf die Grillstufe umschalten. Die Kalbslendenscheiben im heißen Ofen (Mitte) 8 – 10 Minuten überbacken. Aus dem Ofen nehmen und nach Belieben mit Schnittlauch garnieren. Dazu schmeckt ein Gemüse-Reis, z. B. mit geraspelten Möhren und Petersilie.

Profi-Tipp

Das Fleisch können Sie am Vortag anbraten, in die Form legen und mit der Soße bedecken; etwas abkühlen lassen, zudecken und in den Kühlschrank stellen. Am nächsten Tag das Gratin mit dem Käse bestreuen und im heißen Ofen überbacken, wie im Rezept beschrieben. Wird das Gratin direkt aus dem Kühlschrank in den Ofen gegeben, dauert das Überbacken 4–5 Minuten länger.

Kalbspiccata mit Tomatensoße

Für 4 Portionen

6 EL Olivenöl
1 Zwiebel
2 Knoblauchzehen
2 Dosen gehackte Tomaten (je 400 g)
1 TL getrockneter Oregano
Salz
Pfeffer, frisch gemahlen
8 kleine Kalbsschnitzel (je etwa 75 g)
2 Eier
4 EL Milch
6 EL Parmesan, frisch gerieben
6 EL Mehl
Basilikum (zum Garnieren)

Zubereitungszeit
20 Minuten

1 In einem breiten Topf 2 EL Öl erhitzen. Die Zwiebel und die Knoblauchzehen schälen, fein würfeln und im heißen Öl glasig dünsten. Die gehackten Tomaten und den Oregano dazugeben und aufkochen lassen. Die Soße offen bei mittlerer Hitze 10 Minuten köcheln lassen. Mit Salz und Pfeffer abschmecken.

2 Während die Soße köchelt, die Schnitzel flach drücken und auf beiden Seiten mit Salz und Pfeffer würzen.

3 Eier, Milch und Parmesan in einem tiefen Teller verrühren. Das Mehl auf einen zweiten Teller geben. In einer großen Pfanne 2 EL Olivenöl erhitzen.

4 4 Schnitzel in Mehl wenden, durch die Eier-Parmesan-Masse ziehen und im heißen Öl bei mittlerer Hitze auf jeder Seite 2–3 Minuten braten. Aus der Pfanne nehmen und im 100 °C heißen Ofen warm stellen. Die restlichen Schnitzel panieren und im übrigen Öl (2 EL) wie beschrieben braten.

5 Die Tomatensoße auf vorgewärmte Teller verteilen und pro Portion 2 Schnitzel darauf anrichten. Mit abgezupften Basilikumblättern garnieren. Dazu passen Spaghetti.

Variante

Die Tomatensoße zubereiten, wie im Rezept oben beschrieben. Während die Soße köchelt, 500 g Lammrückenfilets (Lammlachse) in Scheiben schneiden und flach drücken; auf beiden Seiten salzen und pfeffern. 6 EL Mehl in einen tiefen Teller geben, 2 Eier in einen zweiten Teller aufschlagen und mit 4 EL Sahne verquirlen. In einem dritten Teller 7 EL Semmelbrösel mit 7 EL frisch geriebenem Parmesan mischen. Die Schnitzel nacheinander in Mehl, Ei und Käse-Brösel-Mix wenden. Brösel gut andrücken. Die Schnitzel in Butterschmalz bei mittlerer Hitze in 2 Minuten pro Seite hellbraun braten. Auf Küchenpapier abtropfen lassen. Mit der Tomatensoße servieren und mit Basilikum garnieren.

Kalbsgeschnetzeltes mit grünem Spargel

Für 4 Portionen

400 g grüner Spargel
Salz
500 g Kalbsgeschnetzeltes (Oberschale)
75 g getrocknete Tomaten (in Öl), abgetropft
1 Zwiebel
1 Dose Artischockenherzen (Abtropfgewicht 240 g)
3 EL Olivenöl
Pfeffer, frisch gemahlen
1 EL Tomatenöl (von den Tomaten)
250 ml Kalbsfond (Glas)
1 EL dunkler Soßenbinder
½ Bund Basilikum
Pfefferkörner, geschrotet (nach Belieben)

Zubereitungszeit
20 Minuten

1 Den Spargel waschen, im unteren Drittel schälen und die harten Enden abschneiden. Die Stangen schräg in 4–5 cm breite Stücke schneiden. In kochendem Salzwasser 5 Minuten garen. Abgießen, abschrecken und abtropfen lassen.

2 Inzwischen das Fleisch trocken tupfen. Die Tomaten in Streifen schneiden. Die Zwiebel schälen und fein würfeln. Die Artischockenherzen vierteln.

3 In einer großen Pfanne das Öl erhitzen. Das Fleisch darin portionsweise in 2–3 Minuten scharf anbraten. Salzen, pfeffern und aus der Pfanne nehmen.

4 Die Zwiebel mit dem Tomatenöl zum Bratensatz geben und glasig dünsten. Tomaten, Spargel und Artischocken dazugeben und 1 Minute mitbraten.

5 Alles mit dem Fond ablöschen, aufkochen und 2 Minuten köcheln lassen. Die Soße mit dem Soßenbinder andicken. Das Fleisch unterheben und heiß werden lassen. Mit Salz und Pfeffer abschmecken.

6 Die Basilikumblätter abzupfen und grob hacken. Das Gericht damit bestreuen. Nach Belieben geschroteten Pfeffer zum individuellen Würzen dazustellen.

Das passt dazu

Zur italienisch inspirierten Kalbfleischpfanne passen Fusilli oder Tagliatelle sehr gut. Auch Gnocchi aus dem Kühlregal sind eine köstliche Beilage. Wer mag, kann noch etwas gehobelten Parmesan über das Gericht streuen.

Variante

Für eine sahnige Version 150 g Crème fraîche mit 2 TL Speisestärke verquirlen, unter den Kalbsfond rühren und einmal aufkochen lassen. Danach die angebratenen Kalbfleischstreifen dazugeben.

Variante

Oft wird Zürcher Geschnetzeltes mit Champignons zubereitet. Dafür einfach 400 g abgetropfte Champignonscheiben (Glas) mit nur 600 g angebratenen Kalbfleischstreifen in die Soße geben.

Zürcher Geschnetzeltes

Für 4 Portionen

800 g Kalbfleisch (Oberschale), in ½ cm dicke Streifen geschnitten
Salz
Pfeffer, frisch gemahlen
4 Schalotten
4 EL Öl
1 EL Butter
125 ml trockener Weißwein
500 g Sahne
½ Bund Petersilie
1 TL abgeriebene Schale von einer unbehandelten Zitrone

Zubereitungszeit

25 Minuten

1 Die Fleischstreifen mit Salz und Pfeffer würzen. Die Schalotten schälen und in kleine Würfel schneiden.

2 In einer großen schweren Pfanne 2 EL Öl erhitzen. Die Hälfte der Fleischstreifen darin bei starker Hitze unter Rühren 3–4 Minuten braten. Mit einem Schaumlöffel aus der Pfanne heben und warm halten. Die zweite Fleischportion genauso braten und zur ersten Fleischportion geben.

3 Die Butter in der Pfanne zerlassen und die Schalottenwürfel darin glasig dünsten. Den Wein dazugießen und bei starker Hitze fast ganz einkochen lassen. Die Sahne dazugeben, alles aufkochen und die Soße bei starker Hitze in 5–7 Minuten cremig einkochen lassen.

4 Das gebratene Fleisch mit dem Bratensaft in die Soße geben und 2–3 Minuten ziehen (nicht mehr köcheln) lassen.

5 Das Zürcher Geschnetzelte mit Salz und Pfeffer abschmecken. Die Petersilie waschen, Blättchen abzupfen und hacken. Die Petersilienblättchen mit der abgeriebenen Zitronenschale unter das Gericht mischen. Dazu serviert man ganz klassisch Schweizer Rösti. Alternativ passt lockerer Langkornreis gut dazu.

Griechischer Nudelauflauf

Für 4 Portionen
800 g Tomaten
1 Zwiebel
400 g gelbe oder orange Paprikaschoten
½ Bund Basilikum
3 EL Olivenöl plus etwas mehr für die Form
600 g Kalbfleisch (Keule), in 1½ cm große Würfel geschnitten
Salz
Pfeffer, frisch gemahlen
¼ TL scharfes Paprikapulver
500 ml Hühnerbrühe
250 g reiskornförmige Nudeln (Kritharaki) oder andere kurze Nudeln
¼ TL gemahlener Zimt
100 g Käse (Kefalotyri oder alter Gouda), gerieben
Außerdem
Aluminiumfolie

Zubereitungszeit
25 Minuten
Garzeit
25 Minuten

1 Die Tomaten waschen, von den Stielansätzen befreien und in Würfel schneiden. Die Zwiebel häuten und würfeln. Die Paprikaschoten putzen, waschen und in Streifen schneiden. Das Basilikum waschen, die Blätter abzupfen und die Hälfte davon in Streifen schneiden.

2 Den Ofen auf 200 °C vorheizen. Eine Auflaufform mit hohem Rand fetten. Das Fleisch trocken tupfen. Das Öl in einer Kasserolle erhitzen. Die Fleischwürfel darin bei starker Hitze 2 Minuten anbraten. Mit Salz, Pfeffer und Paprikapulver würzen.

3 Das Fleisch in die Auflaufform geben. Zwiebelwürfel und Paprikastreifen im Bratfett 2 Minuten anbraten. Tomaten, Hühnerbrühe und Nudeln untermischen.

4 Die Gemüse-Nudel-Mischung aufkochen und 2 Minuten köcheln lassen. Mit Salz, Pfeffer, Zimt und Basilikum würzen. Auf dem Fleisch in der Form verteilen.

5 Die Form mit dem Deckel oder mit Aluminiumfolie schließen. Den Auflauf im heißen Ofen (Mitte) 15 Minuten garen.

6 Die Ofentemperatur auf 220 °C erhöhen. Den Auflauf öffnen, mit dem Käse bestreuen und noch 10 Minuten überbacken. Mit den restlichen Basilikumblättchen garnieren und servieren.

Tipps aller Art

Noch schneller geht's, wenn Sie die frischen Tomaten durch gehackte aus der Dose ersetzen. Diese einfach zu Zwiebeln und Paprikaschoten in den Topf geben.

Der Auflauf eignet sich bestens für ein schnelles Gäste-Essen: Dafür das Gericht bis einschließlich Schritt 4 vorbereiten, dann abkühlen lassen und zugedeckt kalt stellen. Vor dem Servieren den Auflauf im Ofen garen, wie im Rezept angegeben. Kommt der Auflauf aus dem Kühlschrank, verlängert sich lediglich die Garzeit um wenige Minuten.

Kalbskoteletts auf Wiener Art

Für 4 Portionen

4 Kalbskoteletts (je etwa 250 g)
Salz
Pfeffer, frisch gemahlen
60 g Mehl
1 TL abgeriebene Schale von einer unbehandelten Zitrone
100 g Semmelbrösel
2 Eier
6 EL Butterschmalz
1 unbehandelte Zitrone
Petersilie (zum Garnieren)

Zubereitungszeit

30 Minuten

1 Die Koteletts trocken tupfen und flach drücken; auf beiden Seiten salzen und pfeffern.

2 Das Mehl mit der Zitronenschale auf einem Teller vermischen und die Semmelbrösel auf einem zweiten Teller bereitstellen. Die Eier in einen tiefen Teller aufschlagen und verquirlen.

3 Die Koteletts nacheinander erst im Mehl, dann in den Eiern und zum Schluss in den Semmelbröseln wenden.

4 Das Butterschmalz in zwei Pfannen erhitzen und die Koteletts darin bei mittlerer Hitze auf jeder Seite 3 – 5 Minuten braten. Aus der Pfanne nehmen und kurz auf eine doppelte Lage Küchenpapier geben, um sie etwas zu entfetten.

5 Inzwischen die Zitrone heiß waschen; trocken reiben und längs achteln. Die Koteletts mit Zitronenschnitzen und Petersilie garnieren.

Das passt dazu

Klassische Beilage dazu ist ein Kartoffel-Gurken-Salat. Falls Sie keine Zeit haben, ihn selbst zu machen, lässt sich fertig gekaufter Kartoffelsalat rasch aufpeppen: Einfach eine Salatgurke in Scheiben hobeln und mit feinen Schnittlauchröllchen untermischen. Wählen Sie ein Fertigprodukt, das möglichst frei von Konservierungsstoffen und Geschmacksverstärkern ist.

Profi-Tipp

Koteletts auf Mailänder Art werden auf die gleiche Art zubereitet. Sie werden allerdings nur in Ei und Semmelbröseln gewendet (vorher aber nicht in Mehl) – das spart Zeit.

Kalbsleber mit Zucchinigemüse

Für 4 Portionen

2 EL Pinienkerne
500 g Zucchini
2 rote Zwiebeln
4 EL Olivenöl
Salz
Pfeffer, frisch gemahlen
4 Scheiben Kalbsleber (je etwa 125 g)
3 EL Mehl
3 EL trockener Sherry (fino)
100 ml trockener Weißwein
200 ml Kalbsfond
1–2 TL dunkler Soßenbinder
1 Prise Zucker
3–4 Zweige Thymian

Zubereitungszeit

25 Minuten

1 Die Pinienkerne in einer Pfanne ohne Fett goldbraun rösten; herausnehmen und abkühlen lassen. Die Zucchini von den Enden befreien und schräg in ½ cm dicke Scheiben schneiden. Die Zwiebeln schälen, halbieren und in dünne Streifen oder Halbringe schneiden.

2 In einer großen Pfanne 2 EL Öl erhitzen. Zucchini und Zwiebeln darin bei mittlerer Hitze 3 Minuten unter Wenden braten. Mit Salz und Pfeffer würzen; herausnehmen und warm stellen.

3 Inzwischen die Kalbsleber trocken tupfen, im Mehl wenden und abklopfen. Das restliche Öl (2 EL) in die Pfanne geben und erhitzen. Die Leberscheiben darin bei mittlerer Hitze auf jeder Seite 2 Minuten braten; herausnehmen, salzen und pfeffern; warm stellen.

4 Den Bratensatz mit Sherry, Wein und Fond ablöschen. Den Soßenbinder einrühren und die Soße aufkochen. Mit Salz, Pfeffer und Zucker würzen.

5 Die Thymianblätter bis auf einige Blättchen von den Zweigen zupfen, fein hacken und in die Soße geben. Die Leber mit dem Zucchinigemüse und der Soße anrichten. Das Gericht mit Thymian und Pinienkernen bestreuen und sofort servieren. Dazu passt Kartoffelpüree.

Variante

Für Kalbsleber auf Salbei-Bohnen 1 rote Zwiebel und 2 Knoblauchzehen schälen. Die Zwiebel in Streifen, den Knoblauch in Scheiben schneiden. Die Zwiebel in 2–3 EL Olivenöl glasig dünsten, dann Knoblauch, 6 Salbeiblätter, 240 g abgetropfte weiße Bohnen (Dose) und 250 g geviertelte kleine Tomaten dazugeben; alles 2 Minuten braten. Mit 5 EL Gemüsebrühe ablöschen; 1 Minute kochen lassen. Mit Salz und Pfeffer abschmecken. 1 EL gehackte Petersilie untermischen. 4 Scheiben Kalbsleber (je etwa 125 g) in einer zweiten Pfanne braten, dann warm halten. Bratensatz mit 100 ml Rotwein und 200 ml Kalbsfond loskochen, mit 2 TL dunklem Soßenbinder binden. Leber mit Bohnengemüse und Soße servieren.

Das passt dazu

Zu der Kalbfleischpfanne schmecken Gnocchi sehr gut. Dazu die italienischen Kartoffelklößchen (Kühlregal) nach Packungsangabe in Salzwasser kochen; abgießen und zu der Kalbfleischpfanne servieren oder die Gnocchi unter die Fleischpfanne mischen.

Kalbfleischpfanne mit Rosenkohl

Für 4 Portionen

Salz
500 g Rosenkohl
400 g Kalbfleisch (Oberschale), in 1,5 cm große Stücke geschnitten
150 g getrocknete Tomaten (in Öl), abgetropft
3 EL Olivenöl
Pfeffer, frisch gemahlen
2 EL Butter
12 Salbeiblätter
50 g Pinienkerne
100 ml Hühnerbrühe

Zubereitungszeit

25 Minuten

1 In einem Topf reichlich Salzwasser aufkochen. Inzwischen den Rosenkohl putzen und die Röschen je nach Größe längs halbieren oder vierteln.

2 Die Röschen im kochenden Salzwasser 2 Minuten garen, dann abgießen, abschrecken und sehr gut abtropfen lassen.

3 Das Fleisch trocken tupfen und die Tomaten in Streifen schneiden.

4 Das Olivenöl in einer großen Pfanne erhitzen und das Fleisch darin bei starker Hitze unter Wenden 4 Minuten braten. Herausnehmen, salzen und pfeffern.

5 Die Butter in der Pfanne zerlassen. Rosenkohl, Salbei, Tomaten und Pinienkerne dazugeben und alles 2 Minuten darin braten.

6 Das gebratene Fleisch und die Brühe zum Gemüse in die Pfanne geben. Alles aufkochen und bei schwacher Hitze 3 Minuten köcheln lassen. Mit Salz und Pfeffer abschmecken.

Kalbsfilet mit Champignons

Für 4 Portionen

1 Kalbsfilet (etwa 800 g)
Kräuter und Gewürze (nach Belieben, z. B. Salbei, Rosmarin, Thymian, Paprikapulver)
Salz
Pfeffer, frisch gemahlen
40 g Butterschmalz oder Öl (alternativ jeweils die Hälfte von beidem)
150 ml Kalbs- oder Fleischbrühe
5 EL Sauerrahm
Weißwein (zum Abschmecken)
100 g Champignons
1 EL Butter (zum Anbraten)

Zubereitungszeit
20 Minuten
Garzeit
45 Minuten

1 Den Ofen auf 180 °C vorheizen.

2 Das Fleisch trocken tupfen und bei Bedarf von Sehnen und Fett befreien. Die Kräuter waschen, trocken tupfen und die Nadeln bzw. Blättchen von den Zweigen und Stängeln zupfen. Das Fleisch mit Kräutern, Salz und Pfeffer rundum einreiben.

3 Das Butterschmalz bzw. Öl in einem Bräter auf dem Herd erhitzen und das Fleisch darin von allen Seiten braun anbraten. Anschließend mit der Hälfte der Brühe begießen und im Ofen etwa 45 Minuten garen. Dabei regelmäßig mit Bratensaft übergießen. Bei Bedarf etwas Flüssigkeit zugießen.

4 Etwa 10 Minuten vor Ende der Garzeit das Filet mit Sauerrahm bestreichen.

5 Das gegarte Fleisch aus dem Bräter nehmen und warm stellen. Die Soße durch ein feines Sieb passieren und bei Bedarf einkochen. Nach Belieben mit etwas Weißwein abschmecken.

6 Die Champignons putzen und in Scheiben schneiden. Butter in einer Pfanne erhitzen und die Champignons darin gut durchschwenken.

7 Das Kalbsfilet in Scheiben schneiden, auf Tellern anrichten und mit Champignons garnieren. Mit Soße beträufeln und servieren. Dazu passen Kartoffelpüree, Salzkartoffeln oder Reis.

Variante

Das Kalbsfilet aufschneiden und befüllen. Für die Füllung 1 altbackenes Brötchen in Milch einweichen. Möhren- und Knollenselleriewürfel mit jeweils gehackter Knoblauchzehe, Schalotte und Petersilie in einer Pfanne anschwitzen. Das Brötchen ausdrücken und mit der Möhrenmischung sowie mit Ei vermengen. Mit Salz und Pfeffer würzen. Ist die Masse zu feucht, etwas Semmelbrösel dazugeben. Die Masse auf dem Kalbsfilet verteilen, das Fleisch aufrollen bzw. zuklappen und mit Küchengarn festbinden. Auf dem Herd anbraten und im Ofen bei 180 °C etwa 30 Minuten garen.

Kalbsschnitzel mit Roquefort auf Nudeln

Für 4 Portionen

250 g kurze Nudeln (z. B. Rigatoni)
Salz
8 dünne Kalbsschnitzel (je etwa 75 g)
Pfeffer, frisch gemahlen
100 g Roquefort
4 EL Olivenöl plus etwas mehr für die Form
4 Salbeiblättchen
40 g Walnusskerne
150 g Crème fraîche
2 TL scharfer Senf
2 EL Semmelbrösel
400 ml passierte Tomaten (Passata)
25 g kalte Butter, in Flöckchen

Außerdem

8 Holzspießchen

Zubereitungszeit

35 Minuten

1 Die Nudeln in reichlich Salzwasser sehr bissfest garen (1 Minute kürzer als nach Packungsangabe). Inzwischen die Kalbsschnitzel trocken tupfen und mit Salz und Pfeffer würzen.

2 Den Roquefort in kleine dünne Scheiben schneiden und mittig auf die Schnitzel geben; mit einer Gabel gut festdrücken. Die belegten Schnitzel zusammenklappen und mit Holzspießchen zusammenstecken.

3 Eine hohe Auflaufform fetten. Den Ofen auf Grillstufe vorheizen. Die Salbeiblättchen waschen und in Streifen schneiden. Die Walnusskerne hacken und mit Crème fraîche, Salbeistreifen, Senf sowie Semmelbröseln mischen. Die Masse mit Salz und Pfeffer würzen.

4 Die Nudeln abgießen und abtropfen lassen. Zurück in den Topf geben. 2 EL Olivenöl und die passierten Tomaten hinzufügen und alles mischen. Die Nudelmischung in die Auflaufform geben.

5 In einer Pfanne das restliche Olivenöl (2 EL) erhitzen. Die zusammengeklappten Schnitzel darin bei mittlerer Hitze auf jeder Seite 2 Minuten braten. Die Schnitzel auf die Nudeln legen und die Nussmischung auf die Schnitzel streichen.

6 Die Butterflöckchen auf Fleisch und Nudeln verteilen. Die Nudeln und die gefüllten Kalbsschnitzel im Ofen (Mitte) unter dem heißen Grill in 5 Minuten knusprig überbacken.

Schon gewusst?

Der Legende nach hatte ein französischer Hirte Käse in einer Höhle liegen gelassen, wodurch sich Edelschimmel bildete und der erste Roquefort entstand.

Schon seit dem Jahr 1411 sind Name und Herkunft des Käses geschützt. Der mit dem Schimmelpilz *Penicillium roqueforti* geimpfte Käse aus Schafsmilch darf nur in der Gegend von Roquefort im französischen Departement Aveyron produziert werden und in einer der Kalksteinhöhlen des Mont Cambalou reifen. Dies veranlasste einst König Karl VI.

Das passt dazu

Wenn Sie etwas mehr Zeit haben, können Sie die Saltimbocca auf Zitronen-Bohnen anrichten. Dafür gegarte grüne Bohnen in Olivenöl und Butter schwenken und mit abgeriebener Zitronenschale, Zitronensaft, Salz, Pfeffer und etwas Zucker würzen.

Saltimbocca mit Marsalasoße

Für 4 Portionen

8 Kalbsschnitzel (je etwa 60 g)
8 hauchdünne Scheiben Parmaschinken
16 Salbeiblätter
Pfeffer, frisch gemahlen
Salz
3 EL Öl
125 ml Marsala (italienischer Dessertwein)
1 EL Balsamico-Essig
50 g kalte Butter

Außerdem

Holzspießchen
Aluminiumfolie

Zubereitungszeit

30 Minuten

1 Die Schnitzelchen mit Küchenpapier trocken tupfen und flach drücken. Auf jedes Schnitzel 1 Scheibe Schinken und 1 Salbeiblatt legen.

2 Die Schnitzel in der Mitte quer zusammenklappen. Auf jedes Schnitzel 1 Salbeiblatt legen und alles mit einem Holzspießchen zusammenstecken. Die Saltimbocca mit Pfeffer würzen und nur leicht salzen.

3 Das Öl in einer großen Pfanne erhitzen. Die Saltimbocca darin bei starker Hitze auf jeder Seite 1–2 Minuten braten. Aus der Pfanne nehmen, in Aluminiumfolie wickeln und im 100 °C heißen Ofen warm halten.

4 Den Bratensatz in der Pfanne mit dem Marsala ablöschen und die Soße mit Balsamico-Essig würzen.

5 Um die Soße zu binden, die Butter in Stückchen schneiden und die Butterstückchen nach und nach mit dem Schneebesen kräftig unter die Soße schlagen.

6 Die Marsalasoße mit Salz und Pfeffer abschmecken. Jeweils 2 Saltimbocca mit der Soße auf einem Teller anrichten. Mit grünen Bohnen (s. Tippkasten) oder Salat und italienischem Landbrot servieren.

Kalbsbraten mit Salbei

Für 4 Portionen

1 kg Kalbfleisch (Oberschale, Nuss, Rücken, Schulter)
300 g Kalbsknochen
1 Zweig Rosmarin
einige Zweige Thymian
einige Salbeiblätter
Salz
Pfeffer, frisch gemahlen
50 g Butterschmalz oder Öl
1 Zwiebel, halbiert
1 Möhre, in grobe Stücke geschnitten
1 Stück Knollensellerie, in grobe Stücke geschnitten
400–500 ml heiße Fleischbrühe oder Wasser
Speckscheiben zum Belegen (nach Belieben)
4 EL Sauerrahm
2 TL Tomatenmark

Zubereitungszeit
30 Minuten
Garzeit
1 ½ Stunden

1 Den Ofen auf 220 °C vorheizen.

2 Das Fleisch und die Knochen waschen. Das Fleisch anschließend trocken tupfen und bei Bedarf von Sehnen und Fett befreien. Die Kräuter waschen, trocken schütteln und die Nadeln bzw. Blättchen von den Zweigen zupfen. Salbeiblätter klein schneiden.

3 Die zerkleinerten Kräuter mit 1 EL Salz und etwas Pfeffer vermischen. Das Fleisch mit dem Kräutersalz rundum einreiben.

4 Den Bräter mit dem Butterschmalz bzw. Öl kurz in den Ofen stellen, bis das Butterschmalz geschmolzen ist. Herausnehmen, das Fleisch einlegen und mit dem flüssigen Fett beträufeln. Knochen, Zwiebel-, Möhren- und Selleriestücke um das Fleisch verteilen. Den Bräter wieder in den Ofen stellen und das Fleisch sowie das Gemüse offen im Ofen etwa 30 Minuten garen.

5 Sobald das Fleisch braun wird, mit der Hälfte der Fleischbrühe oder dem Wasser ablöschen. Die Hitze auf 180 °C reduzieren und das Fleisch nach Belieben mit Speckscheiben belegen. Dann etwa 1 Stunde weitergaren. Das Fleisch öfter mit Bratensaft begießen und nach etwa 30 Minuten wenden. Bei Bedarf nach und nach etwas Flüssigkeit nachgießen.

6 Das Fleisch aus dem Bräter nehmen und warm stellen. Die Knochen wegwerfen. Den Bräter auf den Herd stellen und den Bratensatz mit der restlichen Brühe vom Boden loskochen. Die Soße durch ein feines Sieb in einen Topf passieren. Bei Bedarf etwas einkochen lassen. Sauerrahm und Tomatenmark einrühren, mit Salz und Pfeffer abschmecken.

7 Den Kalbsbraten in Scheiben schneiden, auf Tellern anrichten und mit Soße beträufelt servieren.

Das passt dazu

Dazu schmecken Semmelknödel und gedünstetes Gemüse.

Für klassische Semmelknödel 3 altbackene Brötchen dünn aufschneiden, mit 100 ml warmer Milch begießen und etwa 30 Minuten einweichen lassen. Brötchen ausdrücken, mit Salz, Pfeffer, Muskat, 1 EL gehackter Petersilie und 1 verquirlten Ei verkneten.

½ Zwiebel fein würfeln und in einer Pfanne mit etwas Butter glasig anbraten. Dann in die Knödelmasse einkneten.

Mit bemehlten Händen Knödel formen. Diese in einem großen Topf mit leicht siedendem Salzwasser 15–20 Minuten ziehen lassen, bis sie aufsteigen. Mit einer Schaumkelle herausnehmen.

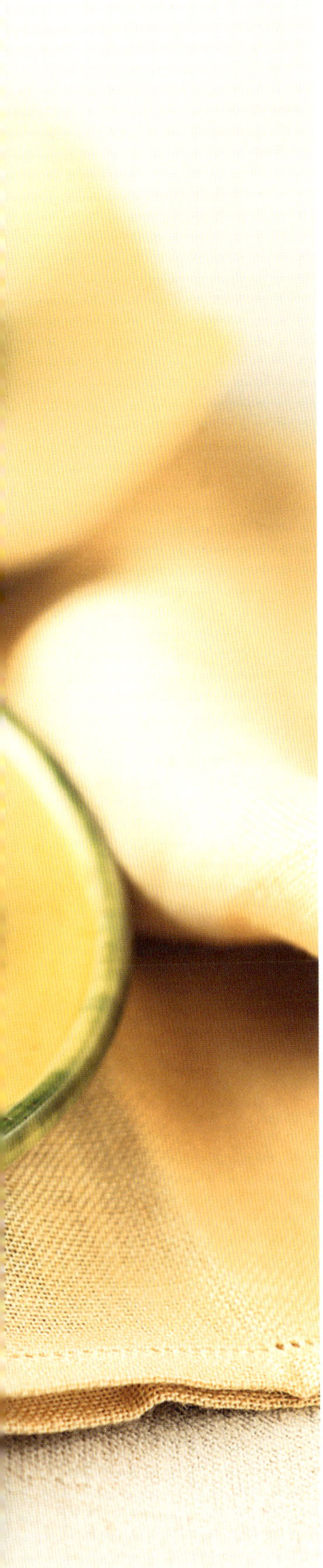

Toskanische Kalbskoteletts

Für 2 Portionen

2 Kalbskoteletts (je etwa 150 g)
¼ TL Pfeffer, frisch gemahlen
1 große Möhre, in dünne Streifen geschnitten
1 Tomate, in 8 Spalten geschnitten
125 g grüne Bohnen
1 kleine rote Zwiebel, in dünne Ringen geschnitten
2 EL trockener Weißwein
1 EL Weißweinessig
1 EL Olivenöl plus etwas mehr für die Pfanne
1 TL getrocknete italienische Kräuter (z. B. Oregano, Basilikum, Majoran)
¼ TL Salz
1 TL Rosmarin, frisch gehackt

Zubereitungszeit

30 Minuten

1 Die Koteletts von beiden Seiten mit dem Pfeffer würzen und mit Möhre, Tomate, Bohnen und Zwiebel in eine flache Schale legen. Wein, Essig und Öl, die getrockneten Kräuter und das Salz in ein Schraubglas füllen und durch kräftiges Schütteln gut mischen. Dann über die Zutaten in der Schale träufeln und 5 Minuten bei Zimmertemperatur marinieren.

2 Eine beschichtete Grillpfanne mit Olivenöl dünn einfetten, die Pfanne auf den Herd stellen und auf mittlere Hitze vorheizen. Die Koteletts darin von jeder Seite etwa 7 Minuten braten, bis sie innen rosa sind. Je nach Vorliebe kann die Garzeit auch verkürzt oder verlängert werden.

3 Während das Fleisch gart, eine weitere beschichtete Pfanne mit Olivenöl dünn einfetten. Das Gemüse mitsamt der Marinade aus der Schale hineingeben, den Rosmarin einstreuen und alles etwa 6 Minuten braten, bis das Gemüse bissfest ist.

4 Das Gemüse auf zwei Teller verteilen und die fertig gegarten Kalbskoteletts obenauf legen. Dazu passen Salz- oder Bratkartoffeln.

Kalbsgulasch auf ungarische Art

Für 4 Portionen

1 kg Kalbsschulter, ohne Knochen
Salz
Pfeffer, frisch gemahlen
2 EL Olivenöl
1 EL Butter
2 große Zwiebeln, halbiert und in dünne Scheiben geschnitten
2 Knoblauchzehen, gehackt
2 große rote Paprikaschoten, in Stücke geschnitten
2 EL edelsüßes Paprikapulver
2 TL scharfes Paprikapulver (nach Geschmack)
1 EL Kümmel
1 EL Weizenmehl
500 ml passierte Tomaten (Passata)
etwa 250 ml Rinderbrühe
1 TL getrockneter Majoran oder Oregano
einige frische Blättchen Majoran oder Oregano (zum Garnieren; nach Geschmack)

Zubereitungszeit
30 Minuten
Garzeit
1½ Stunden

1 Das Fleisch gründlich von Fett und Sehnen befreien. In 3 cm große Würfel schneiden und mit Salz und Pfeffer würzen. Das Olivenöl in einer großen Pfanne bei mittlerer Temperatur erhitzen und das Fleisch darin portionsweise anbraten. Dann beiseitestellen.

2 Die Butter in einem Soßentopf bei mittlerer Hitze zerlassen. Zwiebeln, Knoblauch und Paprikaschoten darin 2 Minuten andünsten, bis die Zwiebeln weich sind. Dabei gelegentlich umrühren. Süßes und, falls verwendet, scharfes Paprikapulver sowie Kümmel zugeben. 30 Sekunden unterrühren, dann das Mehl darüberstäuben und 1 Minute unter Rühren weiterdünsten.

3 Die Passata und die Brühe angießen, Majoran bzw. Oregano zugeben und den Topfinhalt aufkochen. Dann die Hitze auf schwache Temperatur reduzieren. Das Kalbfleisch einlegen und ohne Deckel 1½ Stunden simmern lassen, bis das Fleisch weich ist. Von Zeit zu Zeit umrühren und, falls nötig, Brühe nachgießen, damit das Fleisch beim Kochen immer bedeckt bleibt. Mit Nudeln oder Kartoffelpüree servieren.

Variante

Ein Klecks Sauerrahm gehört zwar nicht zum traditionellen Rezept, verleiht dem Gericht aber noch mehr Geschmackstiefe.

Schon gewusst?

Die Schulter ist preisgünstiger als andere Zuschnitte vom Kalb und wird, bei Niedrigtemperatur geschmort, sehr zart und weich. Gewürfeltes Kalbfleisch gart ebenfalls sehr weich. Alternativen sind Rinderkamm oder -schulter.

Zitronen-Kalbfleisch-Klöße auf Gurkengemüse

Für 4 Portionen
Salz
2 Zwiebeln
500 g Kalbshackfleisch
2 Eier
abgeriebene Schale von
1 unbehandelten Zitrone
3 EL Semmelbrösel
Pfeffer, frisch gemahlen
2 Salatgurken (etwa 800 g)
2 EL Butter
2 EL Mehl
400 ml Kalbsfond oder
Hühnerbrühe
100 g Sahne
1–2 TL Zitronensaft
1 Bund Dill

Zubereitungszeit
30 Minuten

1 In einem großen Topf reichlich Salzwasser zum Kochen bringen. Inzwischen die Zwiebeln schälen und fein hacken.

2 Die Hälfte der Zwiebeln mit Hackfleisch, Eiern, Zitronenschale, Semmelbröseln, Salz und Pfeffer verkneten. Aus dem Fleischteig 8 Klöße formen und diese im köchelnden Salzwasser in 15–20 Minuten gar ziehen lassen.

3 Während die Fleischklöße garen, das Gemüse zubereiten. Dafür die Enden von den Gurken abschneiden. Die Gurken schälen und längs halbieren. Die Hälften entkernen und in Scheiben schneiden.

4 Die Butter in einem Topf zerlassen und die restlichen gehackten Zwiebeln darin glasig dünsten. Die Gurken dazugeben, mit Mehl bestreuen und kurz anschwitzen.

5 Fond oder Brühe zu den Gurken in den Topf gießen, aufkochen und bei schwacher Hitze 5 Minuten köcheln lassen. Sahne unterrühren; Gemüse mit Salz, Pfeffer und Zitronensaft würzen.

6 Die Fleischklöße mit einem Schaumlöffel aus dem Wasser heben; abtropfen lassen und auf dem Gurkengemüse anrichten. Die Dillspitzen abzupfen und grob hacken. Dann die Klöße mit Dill bestreuen und servieren. Dazu passen Salzkartoffeln.

Varianten

Wenn's mal schnell gehen muss, das Brät von 4 Kalbsbratwürsten aus den Hüllen drücken, zu walnussgroßen Bällchen formen und in heißem Öl in der Pfanne in 5 Minuten rundum braun braten. Auf Gurkengemüse anrichten.

Falls Sie kein Kalbshackfleisch bekommen können (bestellen Sie es gegebenenfalls beim Fleischer vor), ersetzen Sie es durch gemischtes Hackfleisch oder auch durch Putenhack.

Variante

Anstatt das Fleisch einschneiden zu lassen, können Sie auch große dünne Kalbsschnitzel (wie für Wiener Schnitzel) mit Pesto bestreichen, mit Schinken und Käse belegen, zusammenklappen und mit Spießchen verschließen.

Gefüllte Kalbsschnitzel mit Pesto

Für 4 Portionen

4 Kalbsschnitzel (je etwa 150 g; vom Metzger jeweils eine Tasche einschneiden lassen)
4 TL Basilikum-Pesto
4 Scheiben gekochter Schinken (je etwa 20 g)
4 Scheiben Fontina oder Butterkäse (je etwa 10 g)
1 Knoblauchzehe
Salz
4 EL Olivenöl
abgeriebene Schale von ¼ unbehandelten Zitrone
Pfeffer, frisch gemahlen
1 Stängel Basilikum

Außerdem

Rouladennadeln oder Holzspießchen

Zubereitungszeit

30 Minuten

1 Die Kalbsschnitzel trocken tupfen. Die eingeschnittenen Taschen innen dünn mit Pesto bestreichen.

2 Jede Tasche mit 1 Scheibe Schinken und 1 Scheibe Käse füllen. Die Öffnungen mit Rouladennadeln oder Holzspießchen (vorher wässern) verschließen. Die Schnitzel zugedeckt kühl stellen.

3 Inzwischen die Knoblauchzehe schälen, grob zerkleinern, salzen und fein zerdrücken. 2 EL Olivenöl mit dem Knoblauch und der Zitronenschale verrühren.

4 Die Schnitzel außen mit Salz und Pfeffer würzen. Das restliche Olivenöl (2 EL) in einer Grillpfanne erhitzen und die Schnitzel bei mittlerer Hitze etwa 8 Minuten braten, bis sie durchgegart sind, dabei zwischendurch wenden.

5 Den Basilikumstängel waschen, die Blättchen abzupfen und in Streifen schneiden. Die Basilikumstreifen unter das Knoblauchöl rühren. Die Kalbsschnitzel mit dem Basilikumöl beträufeln und servieren. Dazu passen Reis und ein kleiner Salat.

Griechischer Nudeltopf mit Auberginen und Kalbfleisch

Für 4 Portionen

1 Zwiebel
1 Knoblauchzehe
2 Zweige Rosmarin plus etwas mehr zum Garnieren
1 Aubergine (300 g)
400 g Kalbfleisch (Keule), in 1 cm große Würfel geschnitten
4 EL Olivenöl
Salz
Pfeffer, frisch gemahlen
400 g reisförmige Nudeln (z. B. Kritharaki, Puntalette, Risoni oder Orzo)
1 TL Thymian
1 Lorbeerblatt
100 ml trockener Weißwein
400 ml Kalbsfond
100 ml Gemüsebrühe
400 g Tomaten
100 g Feta

Zubereitungszeit
30 Minuten

1 Zwiebel schälen und in Würfel schneiden. Knoblauch schälen und hacken. Rosmarin waschen. Aubergine waschen, das obere Ende abschneiden und die Frucht in 1 cm große Würfel schneiden.

2 Die Fleischwürfel trocken tupfen. 2 EL Olivenöl in einer Kasserolle erhitzen und das Fleisch darin 2 Minuten bei starker Hitze anbraten, zwischendurch wenden. Herausnehmen, salzen und pfeffern; zugedeckt ruhen lassen.

3 In der Kasserolle 1 EL Olivenöl erhitzen, Zwiebel- und Auberginenwürfel darin etwa 2 Minuten unter gelegentlichem Rühren braten.

4 Die Nudeln unter das Gemüse in der Kasserolle rühren und kurz mitbraten. Mit Knoblauch, Rosmarin, Thymian und Lorbeerblatt würzen. Alles mit dem Wein ablöschen.

5 Die Fleischwürfel in die Kasserolle geben, Kalbsfond und Gemüsebrühe dazugießen. Alles aufkochen, dann zugedeckt 7 Minuten köcheln lassen, dabei gelegentlich rühren.

6 Inzwischen die Tomaten waschen, von den grünen Stielansätzen befreien und in Würfel schneiden. Zu Nudeln, Fleisch und Auberginen geben; 10 Minuten mitköcheln lassen. Gelegentlich umrühren; falls nötig, etwas Brühe nachgießen. Mit Salz und Pfeffer abschmecken.

7 Den Feta zerbröckeln. Das Gericht auf tiefe Teller oder Schalen verteilen. Mit Feta bestreuen, mit dem restlichen Olivenöl (1 EL) beträufeln und mit Rosmarin garnieren.

Variante

Nudeltopf mit Kalbsbrät und Gemüse: Zwiebel- und Auberginenwürfel in 2 EL heißem Olivenöl braten. Mit Knoblauch, Rosmarin, Thymian und Lorbeerblatt würzen. 250 ml Gemüse- oder Fleischbrühe dazugießen, aufkochen und das Gemüse 5 Minuten garen. 750 ml Brühe dazugießen und aufkochen. 400 g kurze Nudeln hineingeben und nach Packungsangabe bissfest garen. 400 g Kalbsbrätklößchen (Kühlregal) zu den Nudeln geben und etwa 5 Minuten zugedeckt ziehen lassen, bis sie gar sind.

Kalbsgeschnetzeltes unter der Kartoffelhaube

Für 4 Portionen

700 g große, vorwiegend festkochende Kartoffeln
Salz
1 Zwiebel
1 Knoblauchzehe
2 EL Öl
600 g Kalbfleisch, geschnetzelt
Pfeffer, frisch gemahlen
2 TL getrockneter Thymian
¼ TL gemahlener Piment
30 g Butter, in Stückchen, plus etwas mehr für die Form
200 g Kräuter-Crème-fraîche
4 EL Milch
2 EL Semmelbrösel

Zubereitungszeit

30 Minuten

1 Die Kartoffeln schälen und in feine Scheiben hobeln. Die Scheiben in kochendem Salzwasser zugedeckt 8 Minuten vorgaren.

2 Inzwischen die Zwiebel schälen und in Streifen schneiden. Knoblauch schälen und fein hacken. In einer großen beschichteten Pfanne das Öl erhitzen. Das Geschnetzelte darin in 2 Portionen jeweils 1 – 2 Minuten anbraten; zwischendurch rühren.

3 Die Fleischstreifen mit Salz, Pfeffer Thymian und Piment würzen. In der zweiten Partie die Zwiebeln und den Knoblauch kurz mitbraten.

4 Die Kartoffeln in ein Sieb abgießen. Den Ofen auf 220 °C vorheizen. Eine große flache Auflaufform fetten. Dann Crème fraîche und Milch miteinander verrühren.

5 Die Fleischmischung in die Form geben und mit der Crème-fraîche-Milch bestreichen, darauf die Kartoffelscheiben verteilen. Mit Salz und Pfeffer würzen. Mit Semmelbröseln bestreuen und mit Butterstückchen belegen. Das Ganze im Ofen etwa 15 Minuten überbacken, bis die Kartoffeln schön knusprig sind.

Profi-Tipp

Das Gericht lässt sich prima vorbereiten: Dafür die Fleischmischung und die Kartoffeln bereits am Vortag in die Form geben. Zugedeckt in den Kühlschrank stellen. Vor dem Servieren das Gratin mit Semmelbröseln und Butterstückchen bestreuen und in den kalten Ofen stellen. Ofen auf 220 °C aufheizen, dann 15 Minuten backen.

Das passt dazu

Ein Tomatensalat, angemacht mit Balsamico-Essig, Olivenöl und Basilikumstreifen, schmeckt prima zu diesem Gericht.

Kartoffel-Bohnen-Topf mit Kalbfleisch

Für 4 Portionen

2 Zwiebeln
1 Knoblauchzehe
500 g Kalbfleisch (Oberschale), in 2 cm große Würfel geschnitten
1 EL Butterschmalz
Salz
Pfeffer, frisch gemahlen
2 TL getrocknetes Bohnenkraut
1 Lorbeerblatt
600 ml Kalbsfond oder Rinderbrühe
600 g vorwiegend festkochende Kartoffeln
500 g grüne TK-Bohnen (Prinzessbohnen)
100 g Crème fraîche
1 EL Estragonessig
Estragon (zum Garnieren; nach Belieben)

Zubereitungszeit

30 Minuten

1 Zwiebeln und Knoblauch schälen. Zwiebeln fein würfeln, Knoblauch fein hacken. Fleisch trocken tupfen. Butterschmalz in einem Topf erhitzen und die Fleischwürfel darin anbraten, dabei gelegentlich wenden.

2 Die Zwiebeln in den Topf geben und kurz mitbraten. Alles mit Salz, Pfeffer und Bohnenkraut würzen, dann Knoblauch und Lorbeerblatt hinzufügen.

3 Fond oder Brühe dazugießen und zum Kochen bringen. Fleisch und Zwiebeln bei schwacher Hitze zugedeckt 10 Minuten schmoren. Inzwischen die Kartoffeln schälen und in etwa 2 cm große Stücke schneiden. Zum Fleisch geben und etwa 20 Minuten mitgaren.

4 Währenddessen etwa 500 ml Wasser aufkochen lassen und salzen. Die gefrorenen Bohnen hineingeben, erneut aufkochen lassen und etwa 7 Minuten garen; in ein Sieb abgießen und abtropfen lassen. Die Bohnen unter Fleisch und Kartoffeln mischen und erhitzen.

5 Die Crème fraîche unterrühren und das Kartoffelgericht mit Estragonessig würzen. Lorbeerblatt entfernen. Eintopf auf tiefe Teller verteilen, nach Belieben mit Estragon garnieren und servieren.

Variante

Kartoffeltopf mit weißen Bohnen: Zwiebeln in 2 EL heißem Olivenöl glasig dünsten. 600 g in Stücke geschnittene Kartoffeln kurz mitdünsten. 750 ml Brühe dazugießen. Mit 1 Lorbeerblatt, 1 zerdrückten Knoblauchzehe, 1 TL Bohnenkraut und 1 TL Oregano würzen. Salzen und pfeffern. Kartoffeln etwa 20 Minuten garen. 100 g Sahne unterrühren. 400 g Brätklößchen (Kühlregal) und 250 g abgetropfte weiße Bohnen (Dose) dazugeben, dann 5 Minuten ziehen lassen. Mit Schnittlauch bestreuen und servieren.

Variante

Statt mit Kalbfleisch können Sie das Ragout auch mit Hähnchen- oder Putenbrustfilet zubereiten. In diesem Fall den Kalbsfond durch die entsprechende Menge Hühnerfond (Glas) ersetzen.

Profi-Tipp

Sie können das Kalbsragout im Voraus zubereiten und wieder erhitzen, sobald die Pasteten zum Erwärmen in den Ofen geschoben werden.

Pastetchen mit Kalbsragout

Für 4 Portionen

300 ml Kalbsfond (Glas)
Salz
6 Kalbsmedaillons (Keule oder Filet; je etwa 50 g)
100 g Champignons
1 kleine Zwiebel
100 g TK-Zuckerschoten
1 EL Butter
1 EL Mehl
100 g Sahne
4–5 EL trockener Weißwein
Pfeffer, frisch gemahlen
1–2 TL Zitronensaft
Worcestersoße
4 Blätterteigpasteten
Petersilie (zum Garnieren)

Zubereitungszeit

30 Minuten

1 Den Fond in einem Topf aufkochen lassen, leicht salzen und die Kalbsmedaillons hineinlegen. Erneut langsam aufkochen, den Topf schließen und das Fleisch bei schwacher Hitze in 10–12 Minuten gar ziehen lassen. Dann abseihen, den Fond dabei auffangen.

2 Inzwischen die Champignons abreiben, putzen und je nach Größe halbieren oder vierteln. Die Zwiebel schälen und fein würfeln. Die Zuckerschoten antauen lassen. Das Fleisch in feine Streifen schneiden.

3 Den Ofen auf 160 °C vorheizen. In einer Pfanne die Butter zerlassen, die Pilze darin bei mittlerer Hitze 3 Minuten unter Rühren anbraten. Die Zwiebel 3 Minuten mitbraten. Das Mehl darüberstäuben und kurz anschwitzen.

4 Den Topf vom Herd nehmen und den heißen Kalbsfond unter Rühren zur Mehlschwitze gießen. Wieder auf den Herd stellen und sanft aufkochen lassen.

5 Die Sahne und den Wein darunterschlagen und die Soße 5 Minuten köcheln lassen. Mit Salz, Pfeffer, Zitronensaft und Worcestersoße würzen. Fleischstreifen und Zuckerschoten unter die Soße mischen und bei schwacher Hitze in 2–3 Minuten heiß werden lassen.

6 Die Blätterteigpasteten im heißen Ofen nach Packungsangabe erwärmen. Dann herausnehmen und die Deckel mithilfe eines Teelöffels vorsichtig aus den Pasteten lösen. Die Pasteten mit dem Ragout füllen, mit Petersilie garnieren und mit den Deckeln servieren.

Schwein – deftig und lecker

Ein deftiger Schweinebraten – für viele der Inbegriff eines leckeren Sonntags- oder Festessens. Doch Schweinefleisch kann noch viel mehr: Ob die Zubereitung nun französisch, italienisch oder asiatisch angehaucht ist – hier kommen Feinschmecker garantiert auf ihre Kosten! Aber natürlich dürfen auch Klassiker wie paniertes Schweineschnitzel und Cordon bleu in diesem Kapitel nicht fehlen.

Cordon bleu

Für 6–8 Portionen
- 8 sehr dünne Schweineschnitzel (je 80 g)
- Salz
- Pfeffer, frisch gemahlen
- 4 Scheiben gekochter oder roher Schinken (nach Belieben)
- 4 Scheiben Käse (z. B. Emmentaler oder Gouda)
- 4 EL Mehl
- 150 g Semmelbrösel
- 2 Eier
- 2 EL Sahne
- Butterschmalz oder Öl (zum Ausbacken)
- Zitronenspalten (zum Servieren)

Außerdem
- Holzspießchen

Zubereitungszeit
30 Minuten

1 Die Schnitzel trocken tupfen und flach klopfen. Mit Salz und Pfeffer würzen.

2 Die Hälfte der Schnitzel mit je 1 Scheibe Schinken und Käse belegen. Überstehenden Schinken und Käse wegschneiden. Die anderen Schnitzel darauflegen und die Ränder gut andrücken. Mit Holzspießchen feststecken.

3 Das Mehl und die Semmelbrösel jeweils auf einen flachen Teller geben. Die Eier mit der Sahne in einem tiefen Teller verquirlen.

4 Die Schnitzel im Mehl wenden, durch die Eier-Sahne ziehen und mit den Semmelbröseln panieren. Dabei die Brösel nur leicht andrücken.

5 Reichlich Butterschmalz oder Öl fingerhoch in einer Pfanne erhitzen und die Cordons bleus darin von beiden Seiten bei mittlerer Hitze goldbraun ausbacken. Die Schnitzel sollen dabei im Fett schwimmen.

6 Die Cordons bleus aus der Pfanne nehmen. Die fertigen Cordons bleus im Ofen warm stellen, bis alle gebraten sind.

7 Mit Zitronenspalten servieren. Dazu passen Kartoffeln, Kartoffelsalat oder grüner Salat.

Varianten

Anderes Fleisch, wie Kalbs-, Puten- oder Hähnchenschnitzel, können ebenfalls auf diese Weise gefüllt werden.

Auch der Käseauswahl sind keine Grenzen gesetzt. Bei Weichkäse wie Blauschimmel oder Camembert sollten Sie die Schnitzel gut zusammenstecken, damit der Käse nicht ausläuft; oder Sie rollen die Schnitzel auf.

Wer keine Panade mag, kann Cordon bleu auch natur zubereiten. Dazu die Schnitzel nur in Mehl wenden und in Butterschmalz oder Öl braten.

Gegrillte Lenden-„Rippchen“

Für 4 Portionen

- 2 Lendensteaks (je 360 g), Fett und Sehnen entfernt
- 1 mittelgroße rote Zwiebel, gehackt
- 1 mittelgroße rote Paprikaschote, klein geschnitten
- 3 Knoblauchzehen, fein gehackt
- 250 ml Ketchup
- 125 ml Chilisoße
- 60 ml Melasse
- 3 EL Worcestersoße
- 2 EL brauner Zucker
- 2 TL Chilipulver
- 2 TL Senfpulver
- scharfe rote Paprikasoße (nach Geschmack)
- Öl (zum Einfetten und zum Beträufeln)

Außerdem

Holzspieße

Zubereitungszeit

1¼ Stunden

1 Vier 28–45 cm lange Holzspieße 30 Minuten in Wasser einweichen. Lenden längs aufschneiden. Quer in „Rippchen“ teilen. Auf die Spieße stecken und zugedeckt kühl stellen.

2 Grillgitter ins obere Drittel des Ofens schieben. Ofen auf 230 °C vorheizen. Flaches Backblech dünn einfetten. Zwiebel, Paprika und Knoblauch darauf verteilen und dünn mit Öl beträufeln. Gemüse unter häufigem Wenden etwa 15 Minuten im Ofen rösten, bis es gebräunt und gar ist.

3 Gemüse mit Ketchup, Chilisoße, Melasse, Worcestersoße, Zucker, Chili, Senf und scharfer Paprikasoße in einer Küchenmaschine pürieren, dann in einen Topf gießen. Zugedeckt bei mittlerer Hitze 15 Minuten kochen, bis sich Blasen bilden und die Soße vollaromatisch schmeckt. Dabei gelegentlich umrühren. 250 ml für das Grillgut herausnehmen, Rest warm halten.

4 Ofengrillgitter oder Tischgrillpfanne dünn, aber gründlich einfetten. Ofen- oder Tischgrill vorheizen. Rippchen auf beiden Seiten großzügig mit Soße bestreichen. Etwa 15 Minuten grillen, bis sie gar sind. Dabei alle 4 Minuten wenden. Die restliche Soße dazu reichen. Dazu passt gut Weißkrautsalat.

Glasierte Schweinefleischspieße

Für 4 Portionen
600 g besonders mageres Schweinefleisch
12 getrocknete Aprikosen
2 kleine Zucchini (etwa 125 g), in dicke Scheiben geschnitten
2 kleine rote oder weiße Zwiebeln (etwa 125 g), geviertelt

Für die Marinade
4 EL Orangenmarmelade
30 ml Orangensaft oder Sherry
2 EL grober Senf
½ TL Ingwer, frisch gerieben
½ TL getrockneter Thymian oder Oregano

Außerdem
Metallspieße

Zubereitungszeit
30 Minuten

Marinierzeit
30 Minuten oder über Nacht

1 Für die Marinade die Marmelade in einem kleinen Topf bei milder Hitze 1–2 Minuten erwärmen. Die restlichen Zutaten für die Marinade zugeben und abkühlen lassen.

2 Vom Schweinefleisch alles Fett entfernen und das Fleisch in 4 cm große Würfel schneiden. In eine große Schüssel legen, die Marinade darübergießen und umrühren. Bedecken und 30 Minuten bei Raumtemperatur oder über Nacht im Kühlschrank ziehen lassen, damit das Fleisch das Aroma aufnimmt, dann wieder auf Raumtemperatur bringen.

3 Den Grill auf mittlere Temperatur vorheizen. Fleischwürfel, Aprikosen, Zucchini und Zwiebeln abwechselnd auf vier Metallspieße stecken. Die Spieße 12–15 Minuten grillen, dabei wenden und mit der zurückbehaltenen Marinade einpinseln. Das Fleisch ist gar, wenn beim Einstechen der Fleischwürfel nur klarer Fleischsaft austritt. Dazu passt Baguette.

Grünes Chili mit Schweinefleisch

Für 4 Portionen

2 EL Olivenöl
450 g Schweinelende, mundgerecht gewürfelt
2 EL Mehl
6 Frühlingszwiebeln, in dünne Scheiben geschnitten
3 Knoblauchzehen, fein gehackt
1 große grüne Paprikaschote, gewürfelt
1 eingelegte Jalapeño-Chilischote, gehackt (ersatzweise 1 TL Chilipulver)
1 Dose milde grüne Chilischoten (etwa 130 g), gehackt
1½ Bund frisches Koriandergrün, gehackt
¾ TL Salz
½ TL gemahlene Koriandersamen
225 g TK-Erbsen, aufgetaut
2 EL Limettensaft, frisch gepresst
1 rote Paprikaschote, in feine Streifen geschnitten

Zubereitungszeit

50 Minuten

1 Ofen auf 175 °C vorheizen. Öl in einem beschichteten Schmortopf auf mittlerer Stufe erhitzen. Die Fleischwürfel in Mehl wenden und rasch anbraten, bis sie goldbraun sind, dann auf einen Teller legen.

2 Frühlingszwiebeln und Knoblauch in den Topf geben und etwa 1 Minute andünsten. Grüne Paprikaschote und Jalapeño-Chilischote (bzw. Chilipulver) zufügen und etwa 4 Minuten schmoren. Die grünen Chilischoten, die Hälfte des Koriandergrüns, Salz, gemahlenen Koriander und 300 ml Wasser unterrühren und aufkochen lassen.

3 Fleisch wieder in den Topf geben. Bei geschlossenem Deckel im Ofen etwa 25 Minuten garen.

4 Erbsen, Limettensaft und die restliche Hälfte des Koriandergrüns zufügen. Deckel wieder schließen und 3 Minuten ziehen lassen. Vor dem Servieren mit der fein geschnittenen roten Paprikaschote garnieren. Dazu passen gut Tortilla-Chips.

Schon gewusst?

Den typischen Geschmack eines Gerichts aus den amerikanischen Südstaaten verdankt dieses Chili dem aromatischen frischen Koriandergrün. Lagern Sie Koriandergrün am besten im Kühlschrank in einem Glas mit etwas Wasser. Geben Sie die Blätter immer erst kurz vor dem Servieren hinzu, sonst verlieren sie schnell an Geschmack.

Schweinelende mit Cranberry-Möhren-Gemüse

Für 4 Portionen

120 g Zucker
1 TL getrockneter Rosmarin
¾ TL Salz
½ TL Pfeffer, frisch gemahlen
½ TL gemahlener Ingwer
450 g fettarme Schweinelende, quer zur Faser halbiert
1 EL Olivenöl
12 Knoblauchzehen, geschält
8 Frühlingszwiebeln, in etwa 5 cm lange Stücke geschnitten
4 Möhren, gestiftelt
350 g frische oder TK-Cranberrys
150 ml Orangensaft
1 Lorbeerblatt

Zubereitungszeit

50 Minuten

1 Ofen auf 175 °C vorheizen. Die Hälfte des Zuckers (60 g), Rosmarin, Salz, Pfeffer und Ingwer mischen und das Schweinefleisch darin wälzen.

2 Das Öl auf mittlerer Stufe in einem Schmortopf erhitzen. Die Schweinelende aus der Würzmischung nehmen und zusammen mit dem Knoblauch in den Topf geben. Das Fleisch etwa 2 Minuten auf jeder Seite anbraten, dann auf einem Teller beiseitestellen.

3 Frühlingszwiebeln und Möhren in den Topf geben und 3 Minuten dünsten, bis die Möhren Farbe annehmen. Restlichen Zucker, Cranberrys, Orangensaft und Lorbeerblatt zufügen und zum Kochen bringen.

4 Fleisch wieder in den Topf geben, kurz aufkochen lassen und dann mit geschlossenem Deckel in den heißen Ofen stellen. 30 Minuten garen lassen.

5 Fleisch aus dem Topf nehmen, in Scheiben schneiden und mit dem Cranberry-Möhren-Gemüse anrichten. Das Lorbeerblatt entfernen. Dazu passen gekochte Kartoffeln und Spargel.

Das passt dazu

Kartoffelpüree oder Kartoffelplätzchen passen gut zu diesem Gericht. Für schnelle Kartoffelplätzchen 600 g Kartoffelteig „halb und halb" (Kühlregal), 1 Eigelb und 1–2 EL Mehl vermischen. Den Teig mit Salz, Pfeffer und Muskat würzen, zu Plätzchen formen und in Butterschmalz braten.

Kasseler mit Mango-Kraut

Für 4 Portionen

4 EL Öl
4 Scheiben Kasseler ohne Knochen (je etwa 130 g)
3 rote Zwiebeln
1 reife Mango
2 rote Chilischoten
4 cm frischer Ingwer (etwa 40 g)
500 g Sauerkraut (Folienbeutel)
250 ml Hühnerbrühe
Salz
Pfeffer, frisch gemahlen
1 EL flüssiger Honig

Zubereitungszeit

30 Minuten

1 In einer Pfanne 2 EL Öl erhitzen; die Kasselerscheiben darin auf jeder Seite 1½ Minuten braten. Das Fleisch beiseitestellen.

2 Inzwischen die Zwiebeln schälen, halbieren und in Streifen oder dünne Halbringe schneiden.

3 Die Mango mit einem Sparschäler schälen. Das Fruchtfleisch in großen Stücken vom Stein und dann in 1,5 cm große Würfel schneiden.

4 Die Chilischoten waschen und längs halbieren. Die Kerne herauskratzen und die Schoten in feine Streifen schneiden. Den Ingwer schälen und fein würfeln.

5 Das restliche Öl (2 EL) in einem breiten Topf erhitzen. Zwiebeln, Ingwer und Chilischoten darin bei mittlerer Hitze 5 Minuten dünsten.

6 Das Sauerkraut und die Brühe hinzufügen. Alles mit Salz, Pfeffer und Honig würzen. Zugedeckt bei mittlerer Hitze insgesamt 15 Minuten kochen lassen.

7 Nach 5 Minuten Garzeit die Mango untermischen und die Kasselerscheiben auf das Kraut legen; alles zusammen noch 10 Minuten weiterschmoren.

Kohlrouladen

Für 4 Portionen
1 mittelgroßer Kopf Weißkohl
Salz
Pfeffer, frisch gemahlen
Für die Füllung
250 g gemischtes Hackfleisch
2 Zweige Thymian
1 EL Butter
1 Zwiebel, gehackt
3 EL Petersilie, gehackt
1 – 2 altbackene Brötchen, in Wasser eingeweicht
1 Ei
einige kleinere Kohlblätter, gekocht und gehackt
Zum Schmoren
3 EL Butterschmalz
etwa 250 ml Fleischbrühe
2 EL Sauerrahm
1 TL Tomatenmark
Außerdem
Küchengarn

Zubereitungszeit
35 Minuten
Schmorzeit
30 Minuten

1 Von dem Weißkohl 8 große, schöne Blätter ablösen. Die harten Blattrippen entfernen, die Blätter bei Bedarf flach drücken. Anschließend in Salzwasser kurz blanchieren.

2 Für die Füllung das Hackfleisch mit Salz würzen. Thymian waschen, trocken tupfen und die Blättchen von den Zweigen zupfen.

3 Butter in einem Topf erhitzen. Die Zwiebel darin mit Thymian und Petersilie kurz anschwitzen. Das Brötchen ausdrücken und mit der Zwiebelmischung, dem Ei sowie den gehackten Kohlblättern zum Hackfleisch geben. Alles zu einem geschmeidigen Fleischteig verkneten. Mit Salz und Pfeffer würzen.

4 Die blanchierten Kohlblätter flach ausbreiten. Etwa 1 EL Fleischteig darauf verteilen, aufrollen und mit Küchengarn festbinden.

5 Butterschmalz in einem Schmortopf erhitzen und die Kohlrouladen darin von allen Seiten anbraten. Mit der Hälfte der Brühe ablöschen und zugedeckt bei mittlerer Hitze etwa 30 Minuten schmoren. Nach Bedarf Brühe nachgießen.

6 Die Kohlrouladen aus dem Topf nehmen und warm stellen. Die Soße nach Bedarf noch etwas einkochen lassen. Mit Sauerrahm, Tomatenmark, Salz sowie Pfeffer abschmecken und kurz ziehen lassen.

7 Die Kohlrouladen auf Tellern anrichten und mit Soße beträufelt servieren. Dazu passen Salzkartoffeln, Kartoffelbrei und Salat.

Profi-Tipps

Brät man mit den Rouladen etwas Speck an und lässt diesen mitschmoren, wird die Soße würziger.

Anstatt die einzelnen Blätter zu blanchieren, kann man auch den gesamten Weißkohlkopf einige Minuten in Salzwasser dämpfen. Die Garzeit beträgt etwa 20 Minuten, bei zarteren Kohlsorten wie Spitzkohl reichen wenige Minuten. Statt Weißkohl eignet sich auch Chinakohl oder Wirsing.

Koteletts mit Möhren-Meerrettich-Füllung

Für 4 Portionen
2 EL Sonnenblumenöl
1 Zwiebel, fein gehackt
1 kleines Stück frischer Meerrettich, gerieben
250 g Möhren, grob geraspelt
Salz
Pfeffer, frisch gemahlen
1 TL getrockneter Thymian
1 Ei
1 Scheibe Toastbrot
4 Schweinekoteletts (je 250 g)
Außerdem
Holzspießchen

Zubereitungszeit
30 Minuten

1 Vom Öl ½ EL in einer beschichteten Pfanne erhitzen, die Zwiebel darin glasig dünsten. Meerrettich und Möhren zugeben und alles mit Salz, Pfeffer und Thymian würzen. 3 EL Wasser zugießen und das Gemüse zugedeckt bei schwacher Hitze in etwa 7 Minuten weich dünsten.

2 Das Ei in einer Schüssel verquirlen. Das Toastbrot entrinden, in kleine Würfel schneiden und mit dem Ei mischen. Die Meerrettich-Möhren-Mischung zugeben und alles gut verrühren.

3 Die Koteletts mit Küchenpapier trocken tupfen. In jedes Kotelett mit einem scharfen Messer eine Tasche schneiden. Dabei das Fleisch am hinteren Ende und an den Seiten nicht durchschneiden. Jeweils etwas von der Möhrenmischung einfüllen. Jedes Kotelett mit Holzspießchen zustecken.

4 Die restlichen 1½ EL Öl in einer Pfanne erhitzen und die Koteletts darin bei starker Hitze anbraten. Mit Salz und Pfeffer würzen, dann auf jeder Seite 8 Minuten bei mittlerer Hitze fertig braten. Dazu Salzkartoffeln oder Weißbrot servieren.

Profi-Tipp

So können Sie eine fettarme Soße zubereiten: Koteletts aus der Pfanne nehmen und warm stellen. Fett aus der Pfanne schütten. Pfanne erhitzen, 100 g geraspelte Möhren darin rösten, dann 200 ml Gemüsebrühe zugießen, dabei den Bratensatz losschaben. Köcheln lassen, bis die Möhren weich sind. Pürieren, mit Salz und Pfeffer abschmecken.

Koteletts mit Roquefort

Für 4 Portionen
4 Schweinekoteletts (je etwa 250 g)
50 g Roquefort, zerbröckelt
abgeriebene Schale von ½ unbehandelten Zitrone
1 EL Sonnenblumenöl
2 EL Rosmarin, gehackt
250 g junger Blattspinat
1 TL Muskatnuss, frisch gerieben
Zitronenspalten (zum Servieren)

Zubereitungszeit
20 Minuten

1 In die Koteletts mit einem scharfen Messer auf den Fettseiten je einen Schlitz schneiden. Die Schlitze zu Taschen auseinanderdrücken.

2 Den Roquefort mit der Zitronenschale mischen. Je ein Viertel davon in die Taschen geben und die Fleischränder fest zusammendrücken.

3 Die gefüllten Koteletts auf beiden Seiten dünn mit Öl bestreichen. Eine Pfanne sehr heiß werden lassen. Das Fleisch bei mittlerer Hitze darin je Seite 6–7 Minuten braten, bis es goldbraun und durchgegart ist. Die Koteletts mit Rosmarin bestreuen, dann wenden, bis sie vollständig mit Rosmarin bedeckt sind. Aus der Pfanne nehmen und warm halten.

4 Den Spinat in die Pfanne geben, unter Rühren zusammenfallen lassen und mit Salz und Pfeffer würzen. Anschließend auf vier Teller verteilen.

5 Auf jeden Teller ein Kotelett legen und mit etwas geriebener Muskatnuss bestreuen. Sofort mit Zitronenspalten servieren.

Varianten

Anstelle von Roquefort können Sie auch Gorgonzola verwenden. Sie können zudem Roquefort und Zitronenschale durch eine der folgenden Kombinationen ersetzen: Brie oder Camembert mit 1 TL süßer Sojasoße; geriebener Emmentaler mit 1 EL Mango-Chutney; Ricotta mit 15 g gehacktem Basilikum oder zerbröckelter Feta mit 1 EL gehacktem Thymian.

Paniertes Schweineschnitzel

Für 4 Portionen

4 Schweineschnitzel (je etwa 170 g)
Salz
Pfeffer, frisch gemahlen
3 EL Mehl
150 g Semmelbrösel
1 – 2 Eier
Butterschmalz (zum Braten)
Zitronenspalten (zum Servieren)

Zubereitungszeit

20 Minuten

1 Die Schnitzel etwas flach klopfen und mit Salz sowie Pfeffer würzen.

2 Das Mehl und die Semmelbrösel jeweils auf einen flachen Teller geben. Die Eier in einem tiefen Teller verquirlen.

3 Die Schnitzel zuerst im Mehl wenden, überschüssiges Mehl abklopfen. Dann das Fleisch durch die verquirlten Eier ziehen und mit den Semmelbröseln bedecken. Dabei die Brösel nur leicht andrücken.

4 Reichlich Butterschmalz in einer Pfanne erhitzen. Die Schnitzel von beiden Seiten bei mittlerer Hitze etwa 3 Minuten pro Seite goldbraun ausbacken. Die Schnitzel sollen im Fett schwimmen. Die fertigen Schnitzel im Ofen bei schwacher Hitze warm stellen, bis alle gebacken sind.

5 Die Schnitzel mit Zitronenspalten anrichten und servieren. Dazu passen Kartoffel- oder Gurkensalat und Pommes frites.

Profi-Tipp

Bleiben verquirltes Ei und Semmelbrösel übrig, beides zu einem geschmeidigen Teig mischen. Ist dieser Teig zu trocken, ein wenig Milch dazugeben. Mit Salz und Pfeffer würzen und anschließend wie die Schnitzel im Fett ausbacken.

Variante

Mischen Sie nach Geschmack geriebenen Parmesan unter die Semmelbrösel oder helle Sesamsamen. Eine Alternative zur klassischen Panade ist das Ausbacken im Backteig. Dazu 100 g Mehl mit 50 g geriebenem Käse mischen. Mit 125 ml dunklem Bier oder Mineralwasser und 1 Eigelb verrühren. Das Eiweiß zu Schnee schlagen und unterziehen. Die Schnitzel in den Teig tauchen und im Fett schwimmend goldbraun ausbacken.

Variante

Ganz schnell sind die Rouladen gefüllt, wenn Sie sie mit Frischkäse bestreichen, mit klein geschnittenen getrockneten Tomaten und Basilikumblättern bestreuen und aufrollen.

Cordon-bleu-Rouladen mit Cranberrysoße

Für 4 Portionen

4 dünne Schweineschnitzel (je etwa 120 g)
Salz
Pfeffer, frisch gemahlen
4 Scheiben gekochter Schinken (je etwa 30 g)
4 Scheiben Emmentaler (je etwa 30 g)
2 EL Butterschmalz
125 ml Weißwein
200 g Sahne
2 TL scharfer Senf
2 EL getrocknete Cranberrys
2 EL dunkler Soßenbinder

Außerdem

Holz- oder Metallspieße

Zubereitungszeit

30 Minuten

1 Die Schnitzel entweder vom Metzger plattieren lassen oder dieses selbst tun. Das Fleisch trocken tupfen und auf beiden Seiten mit Salz und Pfeffer würzen.

2 Die Schnitzel mit je 1 Scheibe Schinken und Käse belegen, zusammenrollen und mit Holzspießen oder Rouladennadeln feststecken.

3 Das Butterschmalz in einem Schmortopf erhitzen, die Rouladen darin bei starker Hitze 5 Minuten rundum kräftig anbraten. Weißwein und Sahne dazugießen und alles im geschlossenen Topf bei mittlerer Hitze 10–12 Minuten schmoren.

4 Die Rouladen aus dem Topf nehmen und warm stellen. Senf und Cranberrys unter die Soße rühren. Den Soßenbinder einrühren und alles 1–2 Minuten kochen lassen. Die Soße mit Salz und Pfeffer abschmecken; zu den Rouladen servieren. Dazu passen gemischter Blattsalat und gebackene Kartoffelecken oder Kroketten.

Provenzalisches Schweinefilet

Für 4 Portionen

2 Schweinefilets (je etwa 350 g)
Salz
Pfeffer, frisch gemahlen
2 EL Olivenöl
400 g Eierstrauchtomaten
1 Aubergine (etwa 300 g)
2 Knoblauchzehen
2 Zweige Rosmarin
80 g schwarze Oliven
200 ml Hühnerbrühe

Zubereitungszeit

25 Minuten

1 Ein Backblech in den Ofen schieben (zweite Schiene von unten). Den Ofen auf 220 °C vorheizen.

2 Die Schweinefilets trocken tupfen, jedes quer halbieren. Die Filethälften rundum salzen und pfeffern.

3 In einer großen Pfanne das Öl heiß werden lassen. Die Filethälften darin bei starker Hitze 5 Minuten rundum kräftig anbraten, dann auf das heiße Blech legen und 5 Minuten im Ofen weiterbraten.

4 Inzwischen die Tomaten waschen und längs achteln. Die Aubergine waschen, putzen und grob würfeln. Knoblauch schälen und in Scheiben schneiden. Rosmarin waschen.

5 Gemüse, Knoblauch, Rosmarin und Oliven um das Fleisch verteilen. Den Bratensatz in der Pfanne mit der Brühe ablöschen und auf das Blech gießen. Alles noch weitere 10 – 12 Minuten garen.

6 Das Filet in Scheiben schneiden und mit dem Gemüse am besten in tiefen Tellern servieren.

Variante

50 g Speck in Scheiben leicht überlappend auf die Arbeitsfläche legen. Die angebratenen Filethälften jeweils mit 1 Rosmarinzweig belegen und in den Speck einrollen. 2 EL Olivenöl auf dem Blech verlaufen lassen, die Fleischrollen mit den Nähten nach unten daraufsetzen und 15 Minuten im 220 °C heißen Ofen braten. Nach 5 Minuten 500 g in 1 cm dicke Scheiben geschnittene Zucchini um das Fleisch verteilen und mitbraten. Zucchini nach 5 Minuten wenden, salzen und pfeffern.

Whisky-Schinkenbraten

Für 18 Portionen

1 gekochter geräucherter Schinkenbraten am Knochen (3–4 kg)
2 EL ganze Gewürznelken
500 ml Apfelcidre oder Apfelsaft
120 ml Bourbonwhisky (alternativ entprechend mehr Apfelcidre verwenden)
230 g hellbrauner Zucker
1 EL Ahornsirup
2 EL Weizenmehl
1 EL grober Dijonsenf
1 TL gemahlener Zimt

Zubereitungszeit
15 Minuten
Garzeit
2 ½–3 Stunden

1 Ofen auf 170 °C vorheizen. Schinken bis auf 6 mm vom Fett befreien, dann mit dem Fett nach oben in den Bräter legen. Ein Gittermuster einritzen und mit Nelken spicken. Bräter 2,5 cm hoch mit heißem Wasser füllen. Cidre mit 80 ml Whisky vermischen. 180 ml der Mischung über den Schinken gießen.

2 Einen 3 kg schweren Schinken 2 Stunden braten, einen 4 kg schweren 2 ½ Stunden. Den Braten dabei alle 15 Minuten mit der Cidre-Whisky-Mischung bepinseln. Falls nötig, Wasser nachfüllen.

3 Zucker, Sirup, restlichen Whisky, Mehl, Senf und Zimt zu einer Glasur verrühren. Gegebenenfalls mit Cidre oder Whisky verdünnen. Schinken aus dem Ofen nehmen und die Nelken entfernen. Schinken leicht glasieren. Weitere 30 Minuten backen, bis ein in den dicksten Teil geschobenes Küchenthermometer 60 °C anzeigt. Es darf dabei den Knochen nicht berühren. Dazu passen gegrillte Kürbisspalten und Wirsinggemüse.

Schweinefilet im Wirsingmantel

Für 4 Portionen

½ TL Salz
1 kg Wirsing, geputzt und halbiert
1 großes Schweinefilet (etwa 500 g)
Pfeffer, frisch gemahlen
2 EL Olivenöl
250 ml trockener Weißwein
100 g magerer Schwarzwälder Schinken am Stück, in kleine Würfel geschnitten
1 große Zwiebel, gehackt
4 Knoblauchzehen, geschält
2 Tomaten, geschält und klein gewürfelt
je 1 Zweig Thymian und Majoran
30 g gehackte Mandeln
30 g Pinienkerne
30 g Rosinen
30 g entsteinte schwarze Oliven, halbiert

Zubereitungszeit

1¼ Stunden

1 Reichlich Salzwasser in einem großen Topf aufkochen, die Wirsinghälften darin 3 Minuten vorgaren. Herausnehmen, mit eiskaltem Wasser abschrecken und abtropfen lassen.

2 Das Schweinefilet mit Salz und Pfeffer einreiben. In einer großen beschichteten Pfanne 1 EL Olivenöl erhitzen, das Filet darin rundum etwa 5 Minuten braten. Herausnehmen und in 3–4 cm dicke Stücke schneiden. Ofen auf 200 °C vorheizen.

3 Große Wirsingblätter vom Kopf lösen und die Filetstücke darin einwickeln. Eine ofenfeste Form mit Wirsingblättern auslegen, die Wirsingpäckchen daraufgeben. Bratensatz mit 150 ml Wein vom Pfannenboden lösen, in die Form gießen, warm stellen.

4 Das restliche Olivenöl (1 EL) in einer beschichteten Pfanne erhitzen. Nacheinander Schinken, Zwiebel, ganze Knoblauchzehen und Tomatenwürfel darin anbraten. 100 ml Weißwein angießen, alles salzen und pfeffern und die Soße über die Wirsingpäckchen gießen. Die Kräuterzweige zwischen die Päckchen legen, das Gericht im Ofen 40 Minuten schmoren.

5 Die Mandeln in der Pfanne rösten und im Mörser fein zerstoßen. Die Form aus dem Ofen nehmen, Mandeln in die Soße rühren. Pinienkerne und Rosinen in einer kleinen Pfanne kurz rösten, Oliven kurz anbraten. Alles auf die Wirsingpäckchen in der Form geben, im Ofen noch 10 Minuten schmoren. Dazu passt Couscous oder Bulgur.

Schon gewusst?

Morcheln gehören zu den Pilzsorten, die besonders viel Vitamin D enthalten. Auch Schweinefleisch liefert das fettlösliche Vitamin. Der Körper benötigt es für die Verwertung von Kalzium. Für starke Knochen braucht man demnach nicht nur Kalzium, sondern ebenso Vitamin D.

Schweinefilet mit Morchelsoße

Für 4 Portionen

30 g getrocknete Spitzmorcheln
20 g Butterschmalz
600 g Schweinefilet, in 12 Medaillons geschnitten
Salz
Pfeffer, frisch gemahlen
1 weiße Zwiebel, in feine Würfel geschnitten
1 kleine Knoblauchzehe, fein gehackt
4 cl Weinbrand
150 ml Kalbsfond (Glas)
1 TL Honig
1 Spritzer Zitronensaft
3 EL Sahne

Zubereitungszeit

45 Minuten

1 Morcheln 10 Minuten in lauwarmem Wasser einweichen, dann abtropfen lassen. Einweichsud dabei auffangen und durch ein feines Sieb gießen. Morcheln in Scheiben schneiden. Ofen auf 80 °C vorheizen.

2 Butterschmalz in einer großen beschichteten Pfanne erhitzen. Die Medaillons darin auf jeder Seite 2 Minuten anbraten, dann noch weitere 6–8 Minuten bei mittlerer Hitze weiterbraten. Aus der Pfanne nehmen und auf einen Teller geben. Mit Salz und Pfeffer bestreuen, im Ofen warm halten.

3 Die Zwiebel im verbliebenen Fett in der Pfanne glasig dünsten. Knoblauch und Morcheln zugeben und kurz mitbraten. Alles mit Weinbrand, Kalbsfond und Morchelsud ablöschen. Den Bratensatz unter Rühren loslösen.

4 Die Soße mit Salz und Pfeffer, Honig und Zitronensaft würzen. Auf die Hälfte einkochen lassen. Sahne unterrühren und die Soße 4 Minuten einkochen lassen. Filets in die Soße legen; sofort servieren. Dazu Fettuccine oder andere Nudeln reichen.

Schweinefilet im Blätterteigmantel

Für 4 Portionen
1 Schweinefilet (600 g) oder 2 Schweinefilets (je etwa 300 g)
2 EL Butterschmalz
Salz
Pfeffer, frisch gemahlen
300 g TK-Blätterteig, aufgetaut
6 Scheiben roher Schinken (z. B. Schwarzwälder Schinken oder Serrano-Schinken)
1 Eigelb, verquirlt

Für die Füllung
1 EL Butter
1 Zwiebel, gehackt
3 EL Petersilie, gehackt
400 g Champignons, geputzt und in Scheiben geschnitten

Für die Soße
50 ml Weißwein
200 ml Kalbsbrühe oder Kalbsfond (Glas)
200 g Sahne
Salz
1 Prise Cayennepfeffer

Zubereitungszeit
30 Minuten

Garzeit
20–30 Minuten

1 Das Filet bei Bedarf häuten. Das Butterschmalz in einer Pfanne erhitzen. Das Filet darin von allen Seiten braun anbraten. Herausnehmen und mit Salz und Pfeffer würzen.

2 Für die Füllung Butter in einer Pfanne erhitzen. Zwiebel darin glasig anschwitzen, dann Petersilie und Champignons dazugeben und mitgaren. Mit Salz und Pfeffer würzen. Anschließend kurz abkühlen lassen.

3 Den Ofen auf 200 °C vorheizen.

4 Die Bätterteigplatten aufeinanderlegen und zu einem großen Rechteck ausrollen, sodass das Filet darin eingewickelt werden kann.

5 Die Champignonmischung auf dem Blätterteig verteilen, dabei einen großzügigen Rand lassen. Die Schinkenscheiben darauflegen. Das Filet auf den Schinken legen und den Blätterteig von einer Längsseite her über das Filet schlagen. Die Ränder gut andrücken und das Filet im Teig mit der Naht nach unten auf ein Backblech legen. Mit dem Eigelb rundum bestreichen und mit einer Gabel mehrmals einstechen. Das Filet im Ofen etwa 30 Minuten garen. Werden 2 Filets verwendet, den Blätterteig mit der Füllung halbieren und in jede Hälfte 1 Filet einwickeln. Die Filets im Ofen etwa 20 Minuten garen.

6 Für die Soße den Bratensatz in der Pfanne mit Weißwein ablöschen. Die Flüssigkeit verdampfen lassen, dann Brühe und Sahne angießen. Die Soße bei schwacher Hitze einköcheln lassen, mit Salz und Cayennepfeffer abschmecken.

7 Das Filet aus dem Ofen nehmen und vor dem Servieren 10 Minuten ruhen lassen. Dazu passt gedünstetes Gemüse.

Variante

Die Füllung können Sie nach Belieben variieren. Nehmen Sie doch statt der Schinkenscheiben Mangoldblätter. Statt Champignons und Petersilie können Sie als mediterrane Variante auch Kapern, Oliven oder getrocknete Tomaten ausprobieren.

Schweinefilet mit Spinat-Cashew-Füllung

Für 4 Portionen
200 g Blattspinat, grob gehackt
1 Zwiebel, gewürfelt
2 EL Olivenöl
1 EL Cashewkerne, gehackt
50 g getrocknete Aprikosen, gewürfelt
50 g Gorgonzola, mit einer Gabel zerdrückt
Salz
Pfeffer, frisch gemahlen
Muskatnuss, frisch gerieben
400 g Schweinefilet, vom Metzger zum Füllen aufgeschnitten
120 g Speckscheiben
4 EL roter Traubensaft
1 EL Honig
Außerdem
Küchengarn

Zubereitungszeit
25 Minuten
Garzeit
15 Minuten

1 Spinat und Zwiebel in 1 EL Öl bei mittlerer Hitze 3 Minuten dünsten, bis der Spinat zusammengefallen ist.

2 Cashewkerne und Aprikosen mit dem zerdrückten Gorgonzola unter den Spinat mischen. Mit Salz, Pfeffer und Muskatnuss abschmecken.

3 Ofen auf 250 °C vorheizen oder den Grill einschalten. Das vorbereitete Fleisch auseinanderklappen, etwas flach klopfen und mit Salz und Pfeffer bestreuen.

4 Die Spinatfüllung auf dem Fleisch verteilen. Das Fleisch aufrollen und mit Speckscheiben umwickeln. Mit Küchengarn zusammenbinden. Die Filetrolle in eine ofenfeste Form legen.

5 Das restliche Olivenöl mit Traubensaft, Honig, Salz und Pfeffer verrühren. Das Fleisch damit bepinseln. Das Fleisch im heißen Ofen 10 Minuten braten oder grillen, zwischendurch immer wieder mit Marinade bepinseln. Ofen ausschalten und das Fleisch noch 5 Minuten darin ruhen lassen. Mit Nudeln oder Kartoffeln und Salat servieren.

Schweinefilet mit Tomaten-Sherry-Soße

Für 4 Portionen

2 EL Olivenöl plus etwas mehr für die Form
600 g Schweinefilet
Salz
Pfeffer, frisch gemahlen
12 Scheiben Serrano-Schinken oder anderer luftgetrockneter roher Schinken (etwa 180 g)
2 Zwiebeln
2 Knoblauchzehen
½ TL Zucker
1 TL getrockneter Thymian
1 TL getrockneter Oregano
1 EL Tomatenmark
1 Dose gehackte Tomaten (400 g)
100 g Sahne
150 g Sauerrahm
1 EL Mehl
3 EL Sherry (Fino)
3 EL edelsüßes Paprikapulver
1 Msp. Cayennepfeffer
40 g Manchego oder Pecorino, gerieben

Zubereitungszeit
45 Minuten

1 Eine flache Auflaufform fetten. Das Schweinefilet trocken tupfen und in 12 gleich dicke Stücke schneiden. Das Fleisch salzen und pfeffern. Jedes Filetstück mit 1 Scheibe Schinken umwickeln und in die Auflaufform setzen. Kühl stellen.

2 Zwiebeln schälen und würfeln. Knoblauch schälen und fein hacken. Olivenöl in einem Topf erhitzen. Zwiebelwürfel mit dem Knoblauch darin glasig werden lassen. Zucker, Thymian, Oregano und das Tomatenmark dazugeben und einige Sekunden miterhitzen.

3 Den Ofen auf 220 °C vorheizen. Gehackte Tomaten und Sahne zu den Zwiebeln geben und heiß werden lassen. Sauerrahm mit dem Mehl verquirlen.

4 Sahne-Mehl-Mischung und Sherry unter die Tomaten rühren. Alles aufkochen und unter ständigem Rühren 1 Minute köcheln lassen. Die Soße mit Salz, Pfeffer, Paprikapulver und Cayennepfeffer pikant abschmecken. Käse unterrühren. Das Fleisch mit der Tomatensoße bedecken.

5 Die umwickelten Schweinefiletstücke mit der Tomatensoße im heißen Ofen (Mitte) etwa 25 Minuten überbacken. Den Ofen auf Grillstufe umschalten und den Auflauf weitere 2 Minuten überbacken, bis er leicht gebräunt ist. Dazu passen Bandnudeln.

Profi-Tipp

Die Schritte 1–4 können Sie bereits am Vortag erledigen. Das umwickelte Fleisch mit der Soße übergießen, etwas abkühlen lassen, zudecken und in den Kühlschrank stellen. Am nächsten Tag den Auflauf in den kalten Ofen stellen. Den Ofen auf 220 °C aufheizen und den Auflauf überbacken, wie in Schritt 5 beschrieben.

Schweinefleisch aus dem Wok

Für 4 Portionen
400 g Schweinefilet, Fett entfernt
250 g chinesische Eiernudeln
1 EL Sonnenblumenöl
1 große Zwiebel, in feine Würfel geschnitten
1 große Knoblauchzehe, zerdrückt
1 EL Fünfgewürzpulver
300 g Zuckerschoten
2 große rote Paprikaschoten, in dünne Streifen geschnitten
125 ml heiße Gemüsebrühe
Salz
Pfeffer, frisch gemahlen
frisches Koriandergrün (zum Garnieren)

Zubereitungszeit
30 Minuten

1 Das Schweinefilet quer zur Faser zuerst in 5 mm dicke Scheiben, diese dann in 5 mm breite Streifen schneiden. Zugedeckt beiseitestellen.

2 In einem Topf Wasser aufkochen und die Nudeln darin nach Packungsangabe garen bzw. quellen lassen. Abgießen, gut abtropfen lassen und beiseitestellen.

3 Während die Nudeln garen, den Wok oder eine hohe Pfanne auf dem Herd heiß werden lassen. Das Öl hineingeben und durch Schwenken verteilen. Zwiebel und Knoblauch zufügen und 1 Minute pfannenrühren. Das Fünfgewürzpulver zugeben und alles 1 weitere Minute pfannenrühren.

4 Die Fleischstreifen in den Wok geben und 3 Minuten pfannenrühren. Zuckerschoten und Paprikaschoten zufügen und alles weitere 2 Minuten pfannenrühren. Die Brühe zugießen. Alles verrühren und aufkochen lassen.

5 Die Nudeln in den Wok oder in die hohe Pfanne geben und alles 2 Minuten rühren, dabei gut vermischen. Mit Salz und Pfeffer abschmecken, mit Koriandergrün bestreuen und sofort servieren.

Varianten

Noch fettärmer wird das Gericht, wenn Sie nur 250 g Schweinefilet verwenden und den Rest durch 250 g festen Tofu ersetzen. Tofu gut abtropfen lassen, in 2–3 cm große Würfel schneiden und im Arbeitsschritt 4 mit den Zuckerschoten und den Paprikastreifen in den Wok geben. Mit der Brühe noch 2 EL helle Sojasoße zugießen.

Schweinefilet mit Kumquats und Bohnen

Für 4 Portionen

700 g mehligkochende Kartoffeln, geschält und in Stücke geschnitten
350 g grüne Bohnen
1 EL natives Olivenöl extra
400 g Schweinefilet, in dünne Scheiben geschnitten
1 kleine Zwiebel, in dünne Scheiben geschnitten
125 g Kumquats
1 EL flüssiger Honig
1 EL Dijonsenf
150 ml trockener Weißwein
150 ml Gemüsebrühe
Salz
Pfeffer, frisch genmahlen
3 EL fettreduzierte Milch
Muskatnuss, frisch gerieben
Schnittlauchröllchen (zum Garnieren; nach Belieben)

Zubereitungszeit

30 Minuten

1 Die Kartoffelstücke in kochendem Wasser etwa 15 Minuten garen. Die Bohnen putzen, waschen und in einen Dämpfeinsatz oder in ein Sieb geben. 5 Minuten vor Ende der Garzeit auf die Kartoffeln im Topf setzen.

2 Inzwischen das Öl in einer großen Grillpfanne erhitzen. Die Fleischscheiben portionsweise bei starker Hitze darin auf jeder Seite 1 Minute anbraten. Aus der Pfanne heben, beiseitelegen.

3 Die Zwiebelscheiben in die Pfanne geben und bei starker Hitze unter ständigem Rühren 3 Minuten braten. Fleisch wieder in die Pfanne geben, bei mittlerer Hitze weitere 5 Minuten braten.

4 Die Kumquats mitsamt der Schale in dünne Scheiben schneiden. Mit dem Honig und dem Senf in die Pfanne geben und alles zusammen 1 Minute braten. Den Wein und die Brühe verrühren, in die Pfanne gießen. Alles salzen und pfeffern, 3 Minuten köcheln lassen.

5 Die Kartoffeln abgießen und unter Zugabe der Milch zerdrücken. Das Kartoffelpüree mit Salz, Pfeffer und Muskat abschmecken. Auf vier Teller verteilen. Filetscheiben auf dem Püree anrichten und mit etwas Soße begießen. Kumquats und Bohnen darübergeben, übrige Soße darübergießen. Nach Belieben mit Schnittlauch garnieren.

Variante

Für ein Kartoffel-Sellerie-Püree 400 g Knollensellerie in 2 cm große Stücke schneiden, mit 500 g Kartoffeln garen und alles zusammen zu Püree zerdrücken.

Schon gewusst?

Wie alle Fleischsorten ist Schweinefleisch ein guter Zinklieferant. Außerdem enthält es Eisen und B-Vitamine. Heutzutage ist Schweinefleisch so mager, dass manche Stücke gerade mal so viel Fett enthalten wie körniger Frischkäse.

Pot-au-feu mit Schweinefilet

Für 4 Portionen

1 l Fleischbrühe
6 schwarze Pfefferkörner
150 g junge Möhren
8 kleine Frühkartoffeln
1 Staudensellerie
1 zarte Stange Lauch
200 g Brokkoli
2 Schweinefilets
(je etwa 250 g)
Salz
Pfeffer, frisch gemahlen

Zubereitungszeit

30 Minuten

1 In einem großen Topf die Brühe mit den Pfefferkörnern zum Kochen bringen.

2 Inzwischen die Möhren schälen und in Stücke schneiden. Die Kartoffeln gründlich waschen. Den Sellerie waschen, putzen und in 2 cm große Stücke schneiden.

3 Das Gemüse in den Topf geben. Alles aufkochen und bei mittlerer Hitze zugedeckt 10 Minuten kochen lassen.

4 Inzwischen den Lauch putzen, längs aufschneiden und unter fließendem, kaltem Wasser waschen. Die aufgeschnittene Stange schräg in 2 cm breite Streifen schneiden. Den Brokkoli putzen, waschen und in kleine Röschen teilen.

5 Die Schweinefilets in die Brühe mit dem Gemüse legen und bei schwacher Hitze zugedeckt in 12 Minuten gar ziehen lassen. 3 Minuten vor Ende der Garzeit Lauch und Brokkoli hinzufügen.

Schweinekoteletts mit Rucolasalat

Für 4 Portionen

1 ¼ TL Fenchelsamen
¾ TL gemahlener Kreuzkümmel
¾ TL gemahlene Koriandersamen
¾ TL Salz
4 Schweinekoteletts (je etwa 170 g schwer und 2 cm dick)
4 TL Olivenöl
3 EL Zitronensaft, frisch gepresst
1 TL Dijonsenf
2 Bund Rucola, harte Stiele entfernt
4 Strauchtomaten, gewürfelt
60 g getrocknete Aprikosen, gewürfelt

Zubereitungszeit

20 Minuten

1 1 TL Fenchelsamen, Kreuzkümmel, Koriander und ½ TL Salz in einer kleinen Schüssel verrühren. Die Koteletts auf beiden Seiten mit dieser Würzmischung einreiben.

2 1 TL Olivenöl in eine Grillpfanne geben und die Pfanne auf mittlerer Stufe erhitzen. Die Koteletts etwa 4 Minuten von jeder Seite braten, bis sie gar, aber noch saftig sind.

3 Für den Salat währenddessen in einer großen Schüssel ¼ TL Fenchelsamen, ¼ TL Salz, 3 TL Olivenöl, Zitronensaft und Dijonsenf gut miteinander verrühren. Rucola, Tomaten und Aprikosen hinzugeben und alles gründlich vermischen.

4 Zum Servieren den Salat auf vier Teller verteilen und darauf jeweils 1 Kotelett anrichten. Dazu passt frisches Weißbrot.

Schon gewusst?

Als Koteletts bezeichnet man Scheiben aus dem Rippenstück (auch Karree, Rücken- oder Kotelettstrang genannt) mit Knochen. Der Knochen verlangsamt den Garvorgang, wodurch das Kotelett bei der Zubereitung nur wenig Flüssigkeit verliert und so genügend Zeit hat, Aroma anzunehmen. Außerdem bleibt so das Fleisch saftig.

Schweinekrustenbraten mit Biersoße

Für 4 Portionen

1,2 kg Schweineschulter mit Schwarte, Schwarte tief rautenförmig eingeschnitten
Salz
Pfeffer, frisch gemahlen
250 ml Rinderfond oder Fleischbrühe
250 ml Malzbier
2 Möhren
2 Petersilienwurzeln
2 rote Zwiebeln
2 EL dunkler Soßenbinder

Zubereitungszeit
30 Minuten
Garzeit
2 Stunden

1 Den Ofen auf 200 °C vorheizen. Das Fleisch trocken tupfen. Eingeschnittene Schwartenseite und die Unterseite des Fleisches kräftig mit Salz und Pfeffer einreiben.

2 Den Braten mit der Schwarte nach unten in einen Bräter legen. Fond oder Brühe und das Malzbier dazugießen. Braten im heißen Ofen (zweite Schiene von unten) 25 Minuten garen.

3 Inzwischen Möhren, Petersilienwurzeln und Zwiebeln putzen und schälen. Möhren und Petersilienwurzeln in grobe Stücke, Zwiebeln in Spalten schneiden.

4 Den Braten wenden und das Gemüse dazugeben. Die Ofentemperatur auf 180 °C senken und den Braten mit dem Gemüse noch 1½ Stunden im Ofen braten. Den Braten zwischendurch immer wieder mit Bratenfond beschöpfen.

5 Braten und Gemüse aus dem Bräter nehmen; im abgeschalteten Ofen ruhen lassen. Den Bratenfond mit 250 ml Wasser aufgießen, durch ein Sieb in einen Topf gießen und bei starker Hitze 5 Minuten einkochen lassen.

6 Die Soße mit dem Soßenbinder andicken. Mit Salz und Pfeffer abschmecken. Den Braten in Scheiben schneiden und mit der Soße anrichten.

Variante

Statt Möhren, Petersilienwurzeln und Zwiebeln 1 Bund Suppengrün nehmen.

Das passt dazu

Kartoffelknödel aus fertigem Knödelteig (Kühlregal) sind rasch geformt und können, während das Fleisch im Ofen brät, in siedendem Salzwasser garen. Als Gemüsebeilage passt Rosenkohl, den man mit gehackten Walnüssen in Butter schwenken kann.

Schweinerollbraten mit Kräutern

Für 6 Portionen
1 kg magerer Schweinerollbraten
Salz
Pfeffer, frisch gemahlen
je 1 Bund Basilikum und Petersilie
je 4 Zweige Oregano und Thymian
je 3 Zweige Zitronenthymian, Rosmarin und Minze
8 Salbeiblätter
3 Knoblauchzehen, zerdrückt
3 EL Zitronensaft
4 EL Olivenöl
200 ml trockener Weißwein
Außerdem
Küchengarn

Zubereitungszeit
40 Minuten
Marinierzeit
3 Stunden
Garzeit
2 Stunden

1 Das Schweinefleisch entrollen und etwas flach klopfen. Mit Salz und Pfeffer einreiben. Kräuter waschen und die Blätter bzw. Nadeln fein hacken. Mit Knoblauch, Zitronensaft und 2 EL Olivenöl in einer Schüssel mischen.

2 Das Fleisch mit zwei Dritteln des Kräuteröls innen einreiben; aufrollen und mit Küchengarn fest zusammenbinden. In Folie wickeln und im Kühlschrank 3 Stunden durchziehen lassen.

3 Den Ofen auf 180 °C vorheizen. In einem Bräter das restliche Olivenöl erhitzen, den Rollbraten darin rundum kräftig anbraten. Mit dem Wein ablöschen; die übrige Kräutermischung in den Sud geben. Ofentemperatur auf 150 °C senken und den Braten offen 2 Stunden im Ofen garen.

4 Den Braten zwischendurch immer wieder mit Wein begießen. Zum Schluss unter dem Grill oder bei 250 °C Oberhitze 5 Minuten bräunen, dann aus dem Ofen nehmen. Das Fleisch kurz ruhen lassen, anschließend in Scheiben schneiden. Dazu passen frisches Weißbrot oder gekochter Reis. Den Bratensaft getrennt dazu reichen.

Variante

100 ml trockenen Weißwein zu den Champignons und den Frühlingszwiebeln gießen (Schritt 4) und 2–3 Minuten einkochen lassen, Fleischbrühe und Crème fraîche hinzufügen. Die Soße wie beschrieben fertigstellen.

Schweinesteaks mit Champignonsoße

Für 4 Portionen

500 g kleine weiße oder braune Champignons
4 Frühlingszwiebeln
4 Schweinenackensteaks (je etwa 175 g)
2 EL körniger Senf
Salz
Pfeffer, frisch gemahlen
2 EL Butterschmalz
6 EL Crème fraîche
200 ml Fleischbrühe
1–2 EL heller Soßenbinder

Zubereitungszeit

30 Minuten

1 Die Pilze putzen, abreiben oder mit einem kleinen Messer vom Schmutz befreien. Dann Pilze halbieren. Das Weiße und Grüne der Frühlingszwiebeln getrennt in feine Ringe schneiden.

2 Die Schweinesteaks trocken tupfen. Auf beiden Seiten mit dem Senf bestreichen und mit Salz und Pfeffer würzen.

3 Das Butterschmalz in einer großen Pfanne zerlassen. Die Steaks darin bei mäßig starker Hitze auf jeder Seite 4 Minuten braten. Herausnehmen und warm halten.

4 Die Champignons in die Pfanne geben und im heißen Bratfett 3 Minuten braten. Das Weiße der Frühlingszwiebeln dazugeben und 1 Minute mitbraten. Crème fraîche und Brühe unterrühren und aufkochen lassen.

5 Den Soßenbinder in die Soße rühren und die Soße 2 Minuten bei schwacher Hitze köcheln lassen, bis sie angedickt ist. Mit Salz und Pfeffer abschmecken. Das Frühlingszwiebelgrün untermischen.

6 Die Schnitzel in die Pilzsoße geben und kurz erhitzen. Dazu schmeckt herzhaftes Bauernbrot.

Schweinshachsen

Für 4 Portionen
1–2 Schweinshachsen (insgesamt etwa 1,5 kg)
Salz
Pfeffer, frisch gemahlen
1 Zwiebel, in grobe Stücke geschnitten
2 Möhren, in grobe Stücke geschnitten
1 Stück Knollensellerie
1 Stück Lauch
2 Lorbeerblätter
1 TL Kümmel
1 TL schwarze Pfefferkörner
300 ml dunkles Bier

Zubereitungszeit
50 Minuten
Garen
2 ½–3 Stunden

1 Den Ofen auf 200 °C vorheizen.

2 Die Hachsen mit Salz und Pfeffer einreiben und in einen Bräter legen. Etwas kochendes Wasser angießen und die Hachsen zugedeckt auf dem Herd 20–30 Minuten dämpfen, damit die Schwarte weich wird. Die Schwarte anschließend rautenförmig einschneiden, falls das nicht bereits vom Metzger gemacht wurde.

3 Zwiebel, Möhren, Knollensellerie, Lauch, Lorbeer, Kümmel und Pfefferkörner in den Bräter geben. In den Ofen stellen und das Fleisch 2 ½–3 Stunden offen garen, bis sich das Fleisch leicht vom Knochen löst. Erst wenn keine Flüssigkeit mehr im Bräter ist, etwas Bier nachgießen. Nach der Hälfte der Garzeit die Hachsen wenden. Häufig mit Bier und Bratensaft übergießen, bei Bedarf erneut Flüssigkeit zugießen.

4 Am Ende der Garzeit für eine knusprige Schwarte die Ofentemperatur auf Grillfunktion stellen (etwa 260 °C) und die Schwarte in 5–10 Minuten knusprig grillen. Die Hachsen herausnehmen und warm stellen.

5 Den Bratensaft durch ein Sieb in einen Topf gießen. Den Bratensatz mit etwas Wasser loskochen und dazugeben. Die Soße etwas einkochen lassen und mit Salz und Pfeffer abschmecken.

6 Die Hachsen im Ganzen servieren oder in Stücke aufteilen. Mit der Soße servieren. Dazu passen Kartoffelknödel, Sauerkraut, Rotkohl oder Gurkensalat.

Schon gewusst?

Bei den Hachsen, auch Eisbein genannt, unterscheidet man die Vorder- und die Hinterhachse. Die Hinterhachse hat einen höheren Fleischanteil und ist qualitativ hochwertiger als die Vorderhachse. Beide eignen sich jedoch zum Kochen, Braten oder Grillen. Die Schweinsfüße werden aufgrund ihres hohen Anteils an Knorpeln und Knochen gerne ausgekocht. Dabei bildet sich Gelatine, die für Sülze hergenommen wird.

Spareribs mit Barbecuesoße

Für 4 Portionen
Salz
2 kg Spareribs (Schweinerippchen), in Stücke mit je 3 Rippen geteilt

Für die Barbecuesoße
350 g Ketchup
2 EL Weinessig
2 EL Öl
150 ml Orangensaft
1 EL Weinbrand
2 TL Worcestersoße
2 EL Honig
2 TL edelsüßes Paprikapulver
2 TL Chilipulver
Pfeffer, frisch gemahlen
2 Knoblauchzehen

Zubereitungszeit
30 Minuten
Marinierzeit
2 Stunden

1 Wasser mit Salz in einem großen Topf zum Kochen bringen. Die Spareribs darin 20 Minuten zugedeckt knapp unter dem Siedepunkt ziehen lassen.

2 Inzwischen für die Barbecuesoße Ketchup mit Weinessig, Öl, Orangensaft, Weinbrand, Worcestersoße und Honig verrühren. Alles mit Paprikapulver, Chili, Salz und Pfeffer kräftig würzen.

3 Den Knoblauch schälen, grob zerkleinern, salzen, fein zerdrücken und unter die Soße rühren.

4 Die Spareribs in ein Sieb abgießen, kurz abtropfen lassen und in eine große Schüssel geben. Noch heiß mit der Hälfte der Barbecuesoße übergießen und damit bestreichen. Kurz abkühlen lassen, zudecken und im Kühlschrank mindestens 2 Stunden marinieren.

5 Anschließend die Rippchen aus der Marinade nehmen und abtropfen lassen; Marinade auffangen. Die Spareribs zwischen den Rippen einschneiden.

6 Die Spareribs etwa 10 Minuten grillen, bis sie gar und knusprig sind, dabei immer wieder wenden und mit der Marinade bestreichen. (Auf dem Holzkohlengrill möglichst gefettete Grillschalen verwenden.)

7 Die Spareribs 2–3 Minuten zugedeckt bei schwächster Hitze ruhen lassen und mit der Barbecuesoße servieren. Dazu passen frisches Weißbrot und ein grüner Salat.

Profi-Tipps

Das Vorgaren im Topf verkürzt die Garzeit auf dem Grill. Wer darauf verzichten will, muss mit einer Grillzeit von 35–45 Minuten rechnen.

Das Marinieren der Spareribs kann auch bereits am Vortag geschehen, dann können die Aromen der Marinade noch besser einziehen.

Gelegentlich werden auch sogenannte Baby-Rippchen angeboten – sie sind kleiner und schneller gar als die herkömmlichen Spareribs: Die Grillzeit beträgt etwa 25 Minuten, und das Vorgaren erübrigt sich.

Szegediner Gulasch

Für 4 Portionen
20 g Butterschmalz
2 Zwiebeln, in Würfel geschnitten
1 kg Sauerkraut, abgespült
750 g mageres Gulasch vom Schwein
Salz
Pfeffer, frisch gemahlen
2 EL Mehl
3 EL edelsüßes Paprikapulver plus etwas mehr zum Bestreuen
¼ TL rosenscharfes Paprikapulver (nach Belieben)
1 TL Kümmelsamen
4 TL Sauerrahm
1 EL Petersilie, gehackt

Zubereitungszeit
90 Minuten

1 In einem großen Topf 10 g Butterschmalz erhitzen. Zwiebelwürfel darin glasig werden lassen. Sauerkraut zufügen und unter Rühren 5 Minuten mitdünsten. 100 ml Wasser angießen und das Sauerkraut zugedeckt etwa 10 Minuten köcheln lassen, dabei gelegentlich umrühren.

2 Die Fleischwürfel rundum mit Salz und Pfeffer würzen. Das restliche Butterschmalz (10 g) in einer Pfanne erhitzen, das Fleisch darin rundum scharf anbraten. Mehl, Paprikapulver und Kümmel darüberstreuen und alles gut verrühren.

3 Das Fleisch zum Sauerkraut geben und untermischen. Das Gulasch zugedeckt 1 Stunde schmoren lassen, falls nötig, etwas Wasser zufügen.

4 Das Gulasch auf vorgewärmten Tellern anrichten. Je 1 TL Sauerrahm daraufgeben, mit Petersilie und etwas edelsüßem Paprikapulver bestreuen. Sofort servieren. Dazu passen Salzkartoffeln.

Variante

Wandeln Sie das Gericht in einen Sauerkraut-Lachs-Topf um. Dafür das Kraut 20 Minuten köcheln lassen; mit Kümmel und Paprikapulver würzen. Inzwischen 500 g Lachsfilet in Würfel schneiden, die Würfel salzen, pfeffern und auf das Kraut legen. Zugedeckt in etwa 5 Minuten gar ziehen lassen. Nach Belieben können Sie noch eine in Streifen geschnittene rote Paprikaschote zum Sauerkraut geben und mitköcheln lassen.

Schweinespieße vom Grill

Für 4 Portionen

750 g mageres Schweinefleisch, in 2,5 cm große Stücke gewürfelt

3 große unbehandelte Limetten

90 g schwarze Tapenade (Olivenpaste)

1 EL Olivenöl plus etwas mehr für den Grill

Außerdem

Metallspieße

Zubereitungszeit

15 Minuten

1 Einen Grill mit Grillplatte oder einen Holzkohlengrill auf mittlere bis starke Temperatur vorheizen. In der Zwischenzeit je 5–6 Schweinefleischstücke auf insgesamt acht Metallspieße (je 20 cm) auffädeln. Das Fleisch nicht zu eng stecken, sondern mit etwas Abstand, damit die Hitze beim Grillen rundum eindringen kann.

2 1 Limette abreiben und ausdrücken. Saft und Schale in eine kleine Schüssel geben und mit der Tapenade und 1 EL Olivenöl verrühren. Die restlichen Limetten in Spalten zum Servieren schneiden.

3 Die Grillplatte oder den Holzkohlengrill mit etwas Öl bestreichen. Die Fleischspieße gleichmäßig mit dem Tapenade-Mix bestreichen, auf die Grillplatte oder den Holzkohlenrost legen und die Temperatur auf mittlere Hitze senken. 8–10 Minuten grillen, bis das Fleisch durch ist. Die Spieße dabei dreimal wenden, damit alles gleichmäßig gar wird.

4 Die Spieße vom Grill nehmen und 2 Minuten ruhen lassen. Mit den Limettenspalten servieren.

Tipps aller Art

Krautsalat ist eine schöne Beilage zu den Spießen – verwenden Sie einfach eine fertige Kohl-Möhren-Mischung aus dem Supermarkt, die Sie kurz vor dem Servieren mit etwas Italian Dressing anmachen.

Das Schweinefleisch durch gewürfeltes festes Fischfleisch ersetzen, z. B. Thunfisch oder Schwertfisch. Doch Vorsicht: Fisch ist schneller fertig – wenn er übergart, zerfällt er.

Fragen Sie Ihren Metzger, welchen Fleischzuschnitt er für seine Fleischwürfel verwendet – ein zartes Stück ist empfehlenswert. Sie können auch eine ganze Schweinekeule, Lende oder Filet kaufen und selbst würfeln.

Pfannengerührtes Schweinefleisch mit Pilzen

Für 4 Portionen
750 g Schweinefilet
Salz
Pfeffer, frisch gemahlen
200 g Austernpilze
250 g Zuckerschoten
2 EL Erdnuss- oder Pflanzenöl
60 ml süßer Sherry, Weißwein oder Hühnerbrühe
125 ml Hoisin-Soße

Zubereitungszeit
20 Minuten

1 Das Fleisch gegen die Faser in dünne Streifen schneiden. In einer Schüssel mit Salz und Pfeffer würzen. Die Pilzstiele ausdrehen. Stängel und Spitzen der Zuckerschoten abknipsen und die Schoten halbieren.

2 Eine große Pfanne oder einen Wok stark erhitzen. 1 EL Erdnuss- oder Pflanzenöl zugeben und durch Schwenken verteilen. Das Schweinefleisch in zwei Portionen je 3 Minuten braten bzw. bis es gut gebräunt und knapp durchgegart ist. Auf einem Teller beiseitestellen.

3 Den Wok wieder erhitzen und das restliche Öl (1 EL) zugeben. Pilze und Zuckerschoten darin 1–2 Minuten pfannenrühren. Den Sherry angießen und einkochen lassen, dann die Hoisin-Soße zugeben und unter Rühren zum Simmern bringen.

4 Das Fleisch zurück in den Wok füllen und durch Schwenken durcherhitzen. Heiß servieren. Dazu passt Basmatireis.

Schon gewusst?

Wildreis ist kein echter Reis, sondern der Samen eines wilden Wassergrases, weswegen er botanisch Wasserreis heißt. Wie der Basmatireis, mit dem er hier gemischt wird, ist er glutenfrei und enthält viele B-Vitamine, insbesondere Niacin, sowie Ballaststoffe.

Schweinemedaillons mit Paprikagemüse

Für 4 Portionen

- 340 g Basmati-Wildreis-Mischung
- 2 unbehandelte Orangen
- 1 EL Olivenöl
- 350 g Schweinefilet, quer in 1 cm dicke Medaillons geschnitten
- 1 große süße Zwiebel (z. B. Vidalia-Zwiebel, Gemüsezwiebel oder rote Zwiebel), längs halbiert und in dünne, halbe Ringe geschnitten
- je 1 rote und gelbe Paprikaschote, in Streifen geschnitten
- 1 große Möhre, gerieben
- 1 Knoblauchzehe, fein gehackt
- 90 ml Orangensaft
- 3 EL Balsamico-Essig
- 30 g entsteinte schwarze Oliven, gehackt oder in Scheiben geschnitten
- 30 g Basilikumblätter
- Salz
- Pfeffer, frisch gemahlen

Zubereitungszeit

50 Minuten

1 Den Reis in einem Topf mit 600 ml kochendem Wasser übergießen. Wieder aufkochen, dann die Hitze stark reduzieren. Den Deckel aufsetzen und den Reis etwa 15 Minuten oder nach Packungsangabe simmern lassen, bis er bissfest gegart ist und das ganze Wasser aufgenommen hat.

2 In der Zwischenzeit die Orangen schälen und quer in etwa 1 cm dicke Scheiben schneiden (falls möglich, auf einem Soßenbrett mit Rinne schneiden, um den Saft aufzufangen). Scheiben und Saft beiseitestellen.

3 Das Öl in einer großen beschichteten Pfanne auf mittlerer bis starker Temperatur erhitzen. Die Schweinemedaillons darin 2–3 Minuten pro Seite braten. Herausheben und beiseitestellen.

4 Die Hitze auf mittlere Temperatur reduzieren. Zwiebel, Paprika, Möhre und Knoblauch in die Pfanne geben. Zugedeckt etwa 5–6 Minuten dünsten, bis das Gemüse weich wird, dabei öfter umrühren. 2 EL Wasser mit Balsamico-Essig angießen und gründlich einrühren. Mit geschlossenem Deckel 3–4 Minuten weitergaren, bis das Gemüse weich ist.

5 Das Schweinefleisch mit Oliven, Orangenscheiben und -saft sowie Basilikumblättern zurück in die Pfanne geben. 1 Minute pfannenrühren, bis das Fleisch wieder heiß ist. Mit Salz und Pfeffer abschmecken.

6 Zum Servieren den Reis auf vier vorgewärmte Teller verteilen. Fleisch und Gemüse daraufsetzen. Den restlichen Pfannensaft darüberträufeln und sofort servieren.

Schweinekotelett auf Wirsinggemüse und sautiertem Apfel

Für 4 Portionen

2 grüne Äpfel (z. B. Granny Smith)
500 g Wirsing (etwa ¼ Kopf)
1 große rote Zwiebel
3 EL Olivenöl
1 TL süßes Paprikapulver
4 dicke Schweinekoteletts (je etwa 200 g)
Salz
Pfeffer, frisch gemahlen

Zubereitungszeit

20 Minuten

1 Äpfel schälen, halbieren, entkernen und in dünne Spalten schneiden. Den Wirsing grob hacken. Die Zwiebel halbieren und in dünne Scheiben schneiden.

2 1 EL Olivenöl in einer Pfanne auf mittlerer Temperatur erhitzen. Die Zwiebel darin unter Rühren 2 Minuten anschwitzen. Apfel, Kohl, Paprikapulver und 125 ml Wasser unterrühren. Die Temperatur auf mittlere bis starke Hitze erhöhen. Den Pfanneninhalt aufkochen und mit geschlossenem Deckel 5 Minuten dünsten, bis der Kohl bissfest ist. Dabei ein- bis zweimal umrühren. Kräftig salzen und pfeffern.

3 In der Zwischenzeit eine Grillpfanne stark erhitzen. Die Koteletts leicht mit dem restlichen Olivenöl (2 EL) einstreichen, salzen und pfeffern. In die Pfanne legen und ohne Wenden 3–4 Minuten braten, bis auf der Oberfläche kleine Bläschen entstehen. Wenden und bis zum gewünschten Gargrad braten. Vom Herd nehmen und 3–4 Minuten ruhen lassen.

4 Das Fleisch mit Kohl und sautierten Äpfeln servieren. Auch knusprige Bratkartoffeln passen sehr gut dazu.

Varianten

Den Wirsing durch Rotkohl oder die Äpfel durch Birnen ersetzen. Sie können auch klein geschnittene Trockenpflaumen oder Orangenzesten mitbraten. Ebenfalls lecker: Das Wasser durch Apfelsaft oder Cidre ersetzen und mit Kümmel statt Paprikapulver würzen. Statt den Koteletts können Sie auch Schweinelende oder -schulter verwenden.

Profi-Tipp

Wer eine große Pfanne mit ofenfestem Griff hat, bereitet das Gratin komplett darin zu: Das Fleisch auf die Kartoffel-Zwiebel-Mischung legen und mit der Sahnesoße überbacken. Willkommener Nebeneffekt: Das Fetten und später das Reinigen einer zusätzlichen Form entfallen.

Überbackene Schweinesteaks auf Kartoffeln

Für 4 Portionen

600 g Pellkartoffeln (vom Vortag)
4 Schweinerückensteaks (je etwa 150 g)
Kräutersalz
Pfeffer, frisch gemahlen
4 EL Öl plus etwas mehr für die Form
1 große Gemüsezwiebel
½ TL edelsüßes Paprikapulver
Salz
½ TL getrockneter Majoran
6 Stängel Petersilie
500 g Sauerrahm
1 EL Mehl
4 EL trockener Weißwein

Zubereitungszeit

30 Minuten

1 Die Pellkartoffeln schälen und in etwa 1 cm große Würfel schneiden. Das Fleisch trocken tupfen, mit Kräutersalz und Pfeffer würzen.

2 Das Öl in einer Pfanne erhitzen und die Steaks darin bei mittlerer Hitze 5 Minuten anbraten; zwischendurch wenden. Inzwischen die Gemüsezwiebel schälen, halbieren und in Streifen schneiden.

3 Die Steaks aus der Pfanne nehmen und mit ¼ TL Paprikapulver bestäuben. Die Zwiebelstreifen und die Kartoffelwürfel im Bratfett unter gelegentlichem Wenden 5 Minuten braten. Mit Salz, Pfeffer und Majoran würzen.

4 Ofen auf 200 °C vorheizen. Eine Gratinform fetten. Petersilie waschen und trocken schütteln. Blättchen abzupfen und fein hacken. Sauerrahm mit Mehl verquirlen; mit dem restlichen Paprikapulver (¼ TL), Petersilie, Salz und Pfeffer würzen.

5 Kartoffel-Zwiebel-Mischung in die Gratinform füllen. Die Steaks mitsamt ausgetretenem Saft darauflegen. Alles mit dem Wein beträufeln, dann mit der Sahnesoße überziehen.

6 Auflauf im heißen Ofen (Mitte) 15 Minuten überbacken. Den Ofen auf Grillstufe umschalten und das Ganze noch 3–5 Minuten überbacken, bis die Soße leicht gebräunt ist.

Lamm – von mild bis vollmundig

Je nach Wahl des Fleisches entfaltet Lamm unterschiedliche Aromen – das macht es so interessant und vielseitig. Ein Milchlamm hat zarte, milde Aromen, ein älteres Tier hingegen schmeckt kräftig und vollmundig. Versuchen Sie sich z. B. an einem herzhaften Lammeintopf mit Süßkartoffeln, Lammmedaillons mit Kräuterbutter oder zartem Lammragout mit Gremolata, und genießen Sie die köstliche Abwechslung.

Auberginenschiffchen mit Lamm und Reis

Für 4 Portionen

Salz
2 mittelgroße Auberginen (je etwa 300 g)
250 g mageres Lammfleisch, gehackt
1 EL Olivenöl
2 Knoblauchzehen, zerdrückt
150 g Zwiebeln, gehackt
1 TL gemahlene Koriandersamen
½ TL gemahlene Kreuzkümmelsamen
100 g Langkornreis
300 ml Brühe oder Wasser
Pfeffer, frisch gemahlen
1 EL frischer Dill, gehackt
2 EL frische Petersilie, gehackt
frische Minze und Petersilie, gehackt (zum Garnieren)
fettarmer Joghurt (nach Belieben)

Zubereitungszeit
50 Minuten
Garzeit
10–15 Minuten

1 In einem großen Topf leicht gesalzenes Wasser zum Kochen bringen. Inzwischen die Auberginen längs halbieren, das Fruchtfleisch bis auf einen kleinen Rand herausschneiden, dabei die Haut nicht verletzen. Das Fruchtfleisch in 1 cm große Würfel schneiden.

2 Die Auberginenhälften in das kochende Wasser geben und 2–3 Minuten ziehen lassen, bis sie weich sind. Dann herausnehmen, mit der Schnittseite nach unten auf Küchenpapier abtropfen lassen.

3 Eine beschichtete Bratpfanne erhitzen und das Lammhack ohne Fettzugabe unter ständigem Rühren anbraten, bis es braun und krümelig ist. Das Fleisch herausnehmen, den Bratensaft ablaufen lassen und die Pfanne mit Küchenpapier auswischen.

4 Den Ofen auf 180 °C vorheizen. Öl und 2 EL Wasser in die Bratpfanne geben und die Auberginenwürfel mit Knoblauch und Zwiebeln in etwa 5 Minuten weich braten. Das Fleisch wieder zugeben, Koriander, Kreuzkümmel und Reis zufügen und unter Rühren 1 Minute kochen.

5 Brühe oder Wasser einrühren, nach Geschmack salzen und pfeffern und zum Kochen bringen, dann die Temperatur reduzieren und zugedeckt 10–15 Minuten köcheln lassen, bis der Reis die Flüssigkeit aufgenommen hat. Dill und Petersilie einrühren und vom Herd nehmen.

6 Die Auberginenhälften in eine flache Auflaufform setzen und die Füllung einfüllen. Alles in 15–20 Minuten hellbraun überbacken. Die Auberginen heiß servieren, mit Petersilie und Minze sowie nach Belieben mit einem Klecks Joghurt garnieren.

Auberginen-Lamm-Moussaka

Für 6–8 Portionen
4 große Auberginen (je etwa 350 g)
125 ml Olivenöl plus etwas mehr zum Einfetten
1 Zwiebel, fein gehackt
2 Knoblauchzehen, zerdrückt
½ TL gemahlener Piment
½ TL gemahlener Zimt
750 g Lammhackfleisch
2 EL Tomatenmark
1 Dose gehackte Tomaten (400 g)
125 ml Rinderbrühe
1 TL getrockneter Oregano
Salz
Pfeffer, frisch gemahlen

Für die Soße
625 ml Milch
1 Lorbeerblatt
50 g Butter
50 g Mehl
80 g geriebener Kefalotyri oder Parmesan
2 Eier, leicht verquirlt

Außerdem
Auflaufform (etwa 20 x 26 cm)

Zubereitungszeit
40 Minuten
Garzeit
45 Minuten
Ruhzeit
15 Minuten

1 Auberginen in 1 cm dicke Scheiben schneiden. 2 EL Öl in einem großen, schweren Topf erhitzen. Die Auberginen darin portionsweise bei mittlerer Hitze etwa 2 Minuten auf einer Seite anbraten. Leicht mit Öl bestreichen, dann wenden und ebenfalls 2 Minuten anbraten. Bei Bedarf weiteres Öl zufügen. Auf Küchenpapier abtropfen lassen.

2 Restliches Öl in den Topf geben und die Zwiebel darin bei mittlerer Hitze 5 Minuten unter gelegentlichem Rühren anschwitzen. Knoblauch sowie Gewürze zufügen und 30 Sekunden unter Rühren anbraten. Hackfleisch zugeben und 5 Minuten anbräunen. Dabei mit einem Holzlöffel rühren und Klümpchen zerdrücken.

3 Tomatenmark, Tomaten, Brühe und Oregano zugeben und aufkochen. Hitze reduzieren und 30 Minuten unter gelegentlichem Rühren garen, bis die Soße eingedickt ist. Salzen und pfeffern.

4 Ofen auf 180 °C vorheizen. Für die Soße die Milch mit dem Lorbeerblatt aufkochen. Vom Herd nehmen und 5 Minuten ziehen lassen.

5 Butter in einem weiteren Topf bei mittlerer Hitze zerlassen. Das Mehl einstreuen und 1 Minute unter Rühren anschwitzen. Nach und nach die Milch zugießen und rühren, bis die Soße glatt ist, dann 2 Minuten einkochen. 60 g Käse zugeben und unter Rühren schmelzen. Etwas abkühlen lassen, dann die Eier einarbeiten.

6 Die Auflaufform leicht einfetten. Ein Drittel der Auberginenscheiben in die Form schichten. Die Hälfte der Hackfleischmasse darauf verteilen. Mit einem weiteren Drittel Auberginenscheiben belegen und mit dem restlichen Hackfleisch bedecken. Abschließend die übrigen Auberginenscheiben darauf verteilen. Mit der Soße überziehen und mit dem restlichen Käse bestreuen.

7 Im vorgeheizten Ofen 45 Minuten goldbraun backen. Vor dem Servieren 15 Minuten ruhen lassen.

Tipps aller Art

Diese griechische Spezialität wartet mit einer ausgesprochen gelungenen Kombination auf: Aubergine und Lammfleisch. Natürlich können Sie das Gericht auch mit Rinderhackfleisch zubereiten.

Kefalotyri ist ein salziger griechischer Hartkäse, der, falls nicht erhältlich, durch Parmesan ersetzt werden kann.

Lammrücken aus dem Ofen

Für 4 Portionen
1 kg Lammrücken
Für die Marinade
1 Knoblauchzehe, geschält
evtl. Speckwürfel zum Spicken (alternativ Speckscheiben)
3 EL Senf
Zum Braten
2 EL Olivenöl
1 Möhre, in grobe Stücke geschnitten
1 Stück Knollensellerie, in grobe Stücke geschnitten
1 Zwiebel, geschält und in grobe Stücke geschnitten
1 Zweig Rosmarin, Nadeln abgezupft
500 ml heiße Brühe oder Wasser
1 TL Speisestärke (nach Belieben)
Salz
Pfeffer, frisch gemahlen

Zubereitungszeit
25 Minuten
Marinierzeit
über Nacht
Garzeit
1½ Stunden

1 Den Lammrücken bei Bedarf von Fett und Sehnen befreien. Das Fleisch trocken tupfen und mit der Knoblauchzehe einreiben. Nach Belieben das Fleisch mit Speckwürfeln spicken. Dazu mit dem Stiel eines Kochlöffels Vertiefungen in das Fleisch stechen und die Speckstücke hineindrücken, bis sie vollständig im Fleisch stecken. (Alternativ das Fleisch vor dem Braten mit Speckscheiben belegen; s. Schritt 2.) Rundum dünn mit Senf bestreichen und zugedeckt über Nacht im Kühlschrank ziehen lassen.

2 Den Ofen auf 200 °C vorheizen. Das Fleisch aus dem Kühlschrank nehmen. Öl in einem Bräter erhitzen und das Fleisch darin rundum braun anbraten. Möhren-, Sellerie- und Zwiebelstücke sowie Rosmarin kurz mitbraten. Ist das Fleisch nicht gespickt, nach dem Anbraten mit Speckscheiben belegen. Etwas Wasser oder Brühe angießen, dann den Bräter in den Ofen stellen und den Lammrücken etwa 1½ Stunden im Ofen garen. Dabei häufig mit Bratensaft beträufeln und bei Bedarf Flüssigkeit nachgießen.

3 Den Bräter aus dem Ofen nehmen. Das Fleisch herausnehmen und zugedeckt warm stellen. Die Soße durch ein Sieb in einen Topf gießen. Bei Bedarf Bratensatz im Bräter mit etwas kochendem Wasser lösen und zur Soße geben. Die Soße nach Belieben einkochen lassen oder mit in kaltem Wasser angerührter Speisestärke binden. Mit Salz und Pfeffer abschmecken.

4 Den Lammrücken aufschneiden und auf einer Servierplatte anrichten. Die Soße dazu reichen. Dazu passen Kartoffeln oder Reis und grüne Bohnen.

Profi-Tipp

So bereiten Sie einen Lammrücken zum Servieren vor: Das Fleisch an einem Stück von den Rückenknochen lösen und auf einem Brett schräg in Scheiben schneiden. Dann die Scheiben wieder auf den Rückenknochen anrichten und servieren.

Lammfilets mit mediterranem Gemüse aus dem Ofen

Für 4 Portionen

4 EL Olivenöl
1 TL Balsamico- oder Rotweinessig
4 Lammfilets, pariert
2 TL schwarze Pfefferkörner
1 TL Kreuzkümmelsamen
250 g Schalotten, ungeschält
2 große Auberginen, gewaschen, trocken getupft
2 Knoblauchzehen, zerdrückt
400 g Kirschtomaten, mit einer Gabel eingestochen
Salz
Pfeffer, frisch gemahlen
1 EL frisches Koriandergrün, gehackt

Zubereitungszeit
25 Minuten
Garzeit
35–40 Minuten

1 In einer kleinen Schüssel 1 EL Öl mit dem Essig verrühren und die Filets damit auf beiden Seiten bestreichen. Pfefferkörner zerstoßen und mit dem Kreuzkümmel mischen. Die Filets mit der Gewürzmischung bestreuen und diese sanft ins Fleisch drücken. Filets in einer Glasschale bis zur Verwendung beiseitestellen (oder zugedeckt mehrere Stunden im Kühlschrank ziehen lassen).

2 Den Ofen auf 200 °C vorheizen. Inzwischen die Schalotten in Wasser weich garen und noch 2–3 Minuten im Wasser ziehen lassen. Abseihen, gut abtropfen lassen, schälen und in eine große Schüssel geben.

3 Die Auberginen von den Enden befreien, in 2,5 cm große Würfel schneiden und zu den Schalotten geben. Das Gemüse mit dem restlichen Öl beträufeln. Knoblauch zufügen und alles gründlich durchmischen.

4 Eine große ofenfeste Kasserolle auf mittlerer bis hoher Stufe erhitzen. Die Filets darin auf beiden Seiten je 1 Minute scharf anbraten, herausnehmen, zurück in die Glasschale legen und beiseitestellen.

5 Die Auberginenmischung in der Kasserolle verteilen und in 15–20 Minuten im Ofen weich rösten. Die Filets darauflegen und mit übriger Flüssigkeit aus der Glasschale beträufeln. Die Kasserolle für 10 Minuten in den Ofen schieben. Die Tomaten untermischen. Alles 8–10 Minuten im Ofen weitergaren, bis das Fleisch den gewünschten Gargrad erreicht hat und das Gemüse weich ist. Salzen, pfeffern, mit dem Koriandergrün bestreuen und servieren. Dazu passt frisches Baguette.

Das passt dazu

Papadams passen gut zu diesem Gericht. Diese indischen dünn frittierten Fladenbrote aus Linsenmehl sind im Asialaden erhältlich und müssen nur wenige Sekunden in Fett frittiert werden. Zum Abtropfen am besten hochkant in ein Gefäß stellen, dann servieren.

Herzhafter Lammeintopf mit Süßkartoffeln

Für 4 Portionen

3 TL Olivenöl
450 g magere Lammkeule, Fett entfernt und in etwa 2,5 cm große Würfel geschnitten
1 mittelgroße Zwiebel, fein gehackt
4 Knoblauchzehen, fein gehackt
etwa 300 g gehackte Tomaten (Dose)
450 g Süßkartoffeln, geschält und in etwa 1,5 cm große Würfel geschnitten
2 EL cremige Erdnussbutter
1 TL Salz
½ TL Cayennepfeffer
1 Dose Okraschoten (etwa 300 g), abgetropft

Zubereitungszeit
20 Minuten
Garzeit
40 Minuten

1 Ofen auf 180 °C vorheizen. In einem großen beschichteten Schmortopf 2 TL Öl auf mittlerer Stufe erhitzen. Das Lammfleisch zufügen und etwa 5 Minuten braten, bis es braun wird. Das Fleisch auf einen Teller geben.

2 Bei mittlerer Hitze das restlichen Öl (1 TL), Zwiebel und Knoblauch in den Schmortopf geben und etwa 2 Minuten andünsten. Etwa 80 ml Wasser zufügen und die Zwiebeln so lange garen, bis sie goldgelb und weich sind.

3 Tomaten, Süßkartoffeln, Erdnussbutter, Salz, Cayennepfeffer sowie 350 ml Wasser zufügen und aufkochen. Das Lammfleisch dazugeben und bei geschlossenem Deckel im Ofen etwa 25 Minuten garen.

4 Okraschoten zufügen und weitere 15 Minuten im Ofen belassen, dann ist das Lammfleisch weich.

Irish Stew

Für 4 Portionen
2 TL Pflanzenöl
500 g ausgelöste Lammschulter, in 2,5 cm große Würfel geschnitten
4 mehligkochende Kartoffeln, geschält und gewürfelt
3 Möhren, in Scheiben geschnitten
2 Zwiebeln, grob gewürfelt
2 Stangen Lauch, nur die weißen und hellgrünen Abschnitte, grob gehackt
1 große Speiserübe, grob gewürfelt
2 EL Mehl
1 Lorbeerblatt
¼ TL getrockneter Rosmarin
1 TL Salz
¼ TL Pfeffer, frisch gemahlen
300 g TK-Erbsen

Zubereitungszeit
40 Minuten
Kochzeit
50–60 Minuten

1 Das Öl in einem großen beschichteten Schmortopf auf mittlerer bis hoher Stufe erhitzen. Das Fleisch portionsweise in jeweils etwa 5 Minuten von allen Seiten kräftig anbraten. In einer Schüssel beiseitestellen.

2 Kartoffeln, Möhren, Zwiebeln, Lauch und Speiserübe in den Topf geben und 10 Minuten unter häufigem Rühren braten. Mehl zufügen und unter Rühren anschwitzen. 750 ml Wasser angießen, Lorbeerblatt, Rosmarin, Salz und Pfeffer zufügen. Aufkochen lassen und den Eintopf bei reduzierter Hitze unter gelegentlichem Rühren offen 50–60 Minuten köcheln lassen, bis das Fleisch zart ist. Erbsen einstreuen und 5 Minuten mitgaren. Das Lorbeerblatt entfernen und das Irish Stew heiß servieren.

Profi-Tipp

Frische Lauchstangen haben intensiv dunkelgrüne Blattenden und von makelloser weißer Haut umgebene knackige Schäfte. Da Lauch in Erdfurchen kultiviert wird, muss man ihn vor der Zubereitung sorgfältig putzen und waschen. Dafür harte Außenblätter entfernen, den Wurzelansatz abschneiden, die Stangen der Länge nach bis zur Mitte einschneiden und unter fließendem kaltem Wasser abbrausen, dabei die Blattschichten auseinanderspreizen.

Kichererbsengratins mit Lamm

Für 4 Portionen

3 EL Sesamsamen
½ TL gemahlener Kreuzkümmel
½ TL Chilipulver
1 TL getrockneter Oregano
400 g Lammrückenfilets (Lammlachse)
5 EL Olivenöl plus etwas mehr für die Formen
Salz
Pfeffer, frisch gemahlen
1 Dose Kichererbsen (Abtropfgewicht 240 g)
400 g Kirschtomaten
4 Frühlingszwiebeln
2 Zweige Minze
2 EL Zitronensaft
4 kleine runde Ziegenfrischkäse (je etwa 40 g)

Außerdem

4 kleine flache Auflaufformen

Zubereitungszeit

30 Minuten

1 Sesamsamen mit Kreuzkümmel, Chilipulver und Oregano mischen. Die Lammfilets trocken tupfen und in 8 Stücke schneiden. 2 EL Olivenöl in einer beschichteten Pfanne erhitzen und das Fleisch darin etwa 4 Minuten anbraten, zwischendurch wenden.

2 Pfanne vom Herd nehmen. Fleisch salzen, pfeffern und mit 2 EL von der Sesammischung würzen. Zugedeckt bei Raumtemperatur stehen lassen.

3 Vier kleine flache Auflaufformen fetten. Ofen auf 250 °C vorheizen. Die Kichererbsen abtropfen lassen. Die Kirschtomaten waschen und halbieren. Die Frühlingszwiebeln putzen, waschen und in Röllchen schneiden. Die Minze waschen, die Blättchen abzupfen und in Streifen schneiden.

4 Tomaten, Kichererbsen, Frühlingszwiebeln und Minze in eine Schüssel füllen. Mit Salz, Pfeffer und Zitronensaft würzen. 2 EL Olivenöl dazugeben und alles gut mischen. Die Kichererbsenmischung auf die Formen verteilen.

5 Jeden Ziegenfrischkäse in 3 Dreiecke schneiden. Fleischstücke mit dem ausgetretenen Bratensaft auf der Kichererbsenmischung verteilen. Zwischen die Fleischstücke die Käsedreiecke setzen (je 3 Käseecken pro Auflaufform).

6 Alles mit der restlichen Würzmischung bestreuen und mit dem restlichen Olivenöl (1 EL) beträufeln. Den Ofen auf Grillstufe umschalten. Die Gratins im heißen Ofen (Mitte) 5 Minuten überbacken.

Varianten

Statt der kleinen Ziegenfrischkäse-Taler können Sie eine Ziegenfrischkäse-Rolle nehmen. Davon Scheiben abschneiden und diese jeweils in 3 Ecken schneiden.

Zur Abwechslung können Sie auch eine Ziegenfrischkäse-Rolle mit Kräutern verwenden.

Das passt dazu

Knusprig aufgebackenes Fladenbrot oder Baguette schmeckt gut zu den kleinen Kichererbsenaufläufen.

Variante

Sie können die Lammmedaillons auch im Ofen garen. Dazu den Ofen auf 220 °C vorheizen. Die Butter in eine ofenfeste Form geben und im Ofen schmelzen lassen. Die marinierten Fleischstücke hineingeben und im Ofen etwa 20 Minuten garen. Herausnehmen, mit Salz würzen und vor dem Servieren kurz ruhen lassen.

Lammmedaillons mit Kräuterbutter

Für 4 Portionen

8 Medaillons vom Lammrücken (etwa 600 g)
3 EL Butterschmalz
Salz
Pfeffer, frisch gemahlen
Kirschtomaten (nach Belieben zum Garnieren)

Für die Marinade

1–2 Zweige Rosmarin
einige Pfefferminzblätter (nach Belieben)
2 EL Zitronensaft
3 EL Öl
½ EL Cognac
1 Knoblauchzehe, durchgepresst

Für die Kräuterbutter

60 g Butter
Salz
Pfeffer, frisch gemahlen
1 TL Zitronensaft
1 TL Petersilie, gehackt

Außerdem

Küchengarn (nach Belieben)

Zubereitungszeit

30 Minuten

Marinierzeit

mindestens 1 Stunde

1 Die Medaillons trocken tupfen, leicht flach klopfen und nach Belieben mit Küchengarn in eine runde Form binden.

2 Für die Marinade den Rosmarin waschen und trocken tupfen. Die Nadeln abzupfen und hacken. Ein Drittel vom Rosmarin für die Kräuterbutter beiseitelegen. Die Pfefferminzblätter (falls verwendet) waschen, trocken tupfen und in Streifen schneiden. Rosmarin, gegebenenfalls Pfefferminze, Zitronensaft, Öl, Cognac und Knoblauch in einer kleinen Schüssel gut verrühren. Die Lammmedaillons auf allen Seiten mit der Marinade bestreichen und zugedeckt im Kühlschrank mindestens 1 Stunde ziehen lassen.

3 Für die Kräuterbutter die Butter mit dem Rührgerät oder im Mixer cremig rühren. Mit Salz und Pfeffer würzen. Zitronensaft, Petersilie und den restlichen Rosmarin unterrühren. Die Butter im Kühlschrank wieder fest werden lassen. Anschließend zu Kugeln formen und bis zum Servieren kalt stellen.

4 Das Fleisch aus der Marinade nehmen. Das Butterschmalz in einer Pfanne erhitzen und die Medaillons darin etwa 4–5 Minuten auf jeder Seite anbraten. Dabei immer wieder mit Bratfett begießen.

5 Die Lammmedaillons aus der Pfanne nehmen, mit Salz und Pfeffer würzen und auf Tellern anrichten. Mit der Kräuterbutter servieren und nach Belieben mit Kirschtomaten garnieren. Dazu passen Kartoffelbrei, grüne Bohnen oder Baguette.

Lammsteaks mit Rosmarin an Bohnenpüree

Für 4 Portionen

2 EL Olivenöl
2 große rote Zwiebeln, in Scheiben geschnitten
3 große Knoblauchzehen, in feine Stifte geschnitten
6 Zweige Rosmarin (je 2–3 cm lang) plus einige Zweige zum Garnieren
4 magere Lammsteaks (je etwa 125 g)
1 EL Balsamico-Essig
4 EL Rotwein
30 g entsteinte schwarze Oliven, in Scheiben geschnitten
1 TL Zucker
200 ml Gemüsebrühe

Für das Bohnenpüree

1 EL Olivenöl
3 Knoblauchzehen
2 Dosen Flageolet-Bohnen (je etwa 400 g), abgespült und abgetropft
5 EL Gemüsebrühe
Salz
Pfeffer, frisch gemahlen
3 EL Petersilie, gehackt

Zubereitungszeit

40 Minuten

1 Das Olivenöl in einer großen Pfanne erhitzen. Zwiebeln, Knoblauch und Rosmarin hineingeben und bei mittlerer Hitze etwa 10 Minuten dünsten, bis die Zwiebeln leicht gebräunt sind.

2 Inzwischen für das Püree Olivenöl in einem Topf erhitzen. Die Knoblauchzehen schälen, hineingeben und 4–5 Minuten garen, bis sie weich sind. Bohnen und Brühe zufügen und zugedeckt bei schwacher Hitze in 4–5 Minuten heiß werden lassen. Bohnen und Knoblauch zu einem glatten Püree zerdrücken. Mit Salz und Pfeffer abschmecken und die Petersilie unterrühren. Warm stellen.

3 Die Zwiebeln an den Pfannenrand schieben. Die Steaks in die Pfanne geben und auf jeder Seite 3–4 Minuten braten, je nachdem, wie durchgebraten das Fleisch sein soll.

4 Die Steaks aus der Pfanne heben und auf vorgewärmte Teller setzen. Balsamico-Essig, Wein, Oliven und Zucker in die Pfanne geben und alles bei starker Hitze garen, bis die Flüssigkeit verdampft ist. Die Brühe zugießen und alles einmal aufkochen lassen. Die Soße über die Steaks geben. Mit den Rosmarinzweigen garnieren und mit dem Bohnenpüree servieren. Dazu schmeckt ein grüner Salat z. B. aus Babyspinat.

Das passt dazu

Möchten Sie eine warme Beilage, eignet sich gegrillte Zucchini: Diese längs halbieren und die Schnittflächen mit Olivenöl bestreichen (Knoblauchöl schmeckt ebenfalls). Zucchini mit den Schnittflächen nach oben unter dem Grill 10 Minuten garen, bis sie weich und goldbraun sind.

Schon gewusst?

Rote Zwiebeln enthalten mehr Flavonoide (Wirkstoffe, die Herzerkrankungen vorbeugen können) als weiße Zwiebeln.

Lammcurry mit Aprikosen

Für 4 Portionen

2 Knoblauchzehen
3 cm frischer Ingwer (30 g)
500 g Lammrückenfilets (Lammlachse), in 2 cm große Würfel geschnitten
2 EL scharfes Currypulver
Salz
Pfeffer, frisch gemahlen
3 EL Butterschmalz
2 TL Mehl
200 ml Hühnerbrühe
400 g ungesüßte Kokosmilch (Dose)
500 g Lauch
240 g Aprikosen (Dose), abgetropft
2–3 EL Zitronensaft

Zubereitungszeit

30 Minuten

1 Knoblauchzehen und Ingwer schälen und sehr fein würfeln.

2 Die Fleischwürfel mit Knoblauch, Ingwer, Curry, Salz und Pfeffer in einer Schüssel mischen.

3 Das Butterschmalz in einem Schmortopf erhitzen. Das Fleisch darin bei starker Hitze 3 Minuten unter Wenden anbraten. Mit Mehl bestäuben und kurz anschwitzen. Brühe und Kokosmilch dazugießen und die Flüssigkeit offen 10 Minuten einkochen lassen.

4 Inzwischen den Lauch putzen, längs aufschneiden und gründlich waschen, die weißen Teile würfeln und die grünen in ½ cm dünne Ringe schneiden.

5 Die Aprikosen in Spalten schneiden und mit den Lauchringen zum Curry geben; alles noch etwa 5 Minuten köcheln lassen.

6 Das Gericht mit Zitronensaft, Salz und Pfeffer abschmecken und mit Basmatireis servieren.

Variante

1 rote Chilischote waschen und sehr fein hacken. 2 Knoblauchzehen schälen und ebenfalls sehr fein hacken. 500 g Lammrückenfilets (Lammlachse) in 2 cm große Stücke schneiden und mit Chili, Knoblauch und 2 EL scharfem Currypulver mischen. 1 Zwiebel und 1 rote Paprikaschote würfeln. Das Fleisch in 3 EL Öl in einem Schmortopf 3 Minuten kräftig anbraten; Zwiebel und Paprika dazugeben und 1 Minute mitbraten. Alles mit 300 ml Hühnerbrühe ablöschen und 10 Minuten schmoren. 400 g aufgetauten TK-Blattspinat abtropfen lassen. 200 g Sahnejoghurt mit 2 TL Mehl verrühren. Joghurtmischung und Spinat unter das Curry mischen; das Gericht etwa 5 Minuten köcheln lassen. Mit Salz, Pfeffer und Zitronensaft würzen.

Lammragout mit Oliven

Für 6 Portionen
800 g mageres Lammfleisch aus der Keule
500 ml trockener Rotwein
1 Lorbeerblatt
3 EL Olivenöl
150 g Schalotten, halbiert
3 Knoblauchzehen, in Scheiben geschnitten
1 TL Mehl
Salz
Pfeffer, frisch gemahlen
30 entsteinte grüne Oliven
50 g Sahne
1 Bund Petersilie, fein gehackt

Zubereitungszeit
30 Minuten
Marinierzeit
über Nacht
Garzeit
30 Minuten

1 Das Lammfleisch waschen und trocken tupfen. In gulaschgroße Würfel schneiden, dabei Fett und Sehnen entfernen. Fleischwürfel in eine Schüssel geben. Mit Rotwein übergießen, Lorbeerblatt zugeben und das Fleisch zugedeckt über Nacht marinieren.

2 Am nächsten Tag das Fleisch aus der Marinade nehmen und trocken tupfen. Olivenöl in einem Bräter erhitzen, das Fleisch darin scharf anbraten. Schalotten und Knoblauch zugeben und glasig werden lassen. Das Mehl darüberstreuen, unterrühren und die Marinade mit Lorbeerblatt dazugießen.

3 Das Ragout mit Salz und Pfeffer würzen; zugedeckt bei schwacher bis mittlerer Hitze 30 Minuten schmoren, bis das Fleisch weich ist. Falls nötig, noch heißes Wasser zugießen.

4 Die Oliven in Scheiben schneiden. Die Soße mit Sahne verfeinern und die Oliven unterrühren. Das Lammragout mit Petersilie bestreuen und servieren. Ein rustikales Weißbrot dazu reichen.

Lammkeule mit Kräutern und Knoblauch

Für 6 Portionen
1 Lammkeule (etwa 2 kg)
Saft von 1 Zitrone
Für die Marinade
3 EL Thymian, fein gehackt
2 EL Rosmarin, fein gehackt
2 EL Petersilie, fein gehackt
8 Knoblauchzehen, fein gewürfelt
1 EL Meersalzflocken (Fleur de Sel)
½ TL Pfeffer, frisch gemahlen
50 ml Olivenöl
Außerdem
Aluminiumfolie

Zubereitungszeit
20 Minuten
Marinierzeit
1 Stunde
Garzeit
2 Stunden

1 Für die Marinade Kräuter, Knoblauch, Salz und Pfeffer in einer Schüssel vermischen. Das Öl zugießen und alles glatt verrühren.

2 Mit einem scharfen Messer die Lammkeule rundum mit etwa 5 mm langen Schlitzen versehen. Das Fleisch vollständig mit der Marinade einreiben, diese dabei auch in die Schlitze drücken. Die Lammkeule bei Raumtemperatur etwa 1 Stunde marinieren.

3 Den Ofen auf 180 °C vorheizen. Die Lammkeule mit der Fettschicht nach oben auf ein Backblech legen. Im heißen Ofen etwa 2 Stunden (30 Minuten pro 500 g) garen. Das Fleisch nach 1 Stunde mit Aluminiumfolie bedecken.

4 Die Lammkeule auf ein Schneidebrett legen und mit dem Zitronensaft beträufeln. Den Braten 10–15 Minuten ruhen lassen, dann tranchieren und servieren. Dazu passen grüne Bohnen und Ofenkartoffeln.

Profi-Tipps

Lassen Sie einen Braten mindestens 10 Minuten ruhen, nachdem Sie ihn aus dem Ofen genommen haben. Während dieser Zeit zieht sich das Fleisch zusammen. Das hat zur Folge, dass sich der Braten anschließend leicht aufschneiden lässt, ohne dass viel Saft austritt. So wird er nicht trocken.

Wenn Sie grüne Bohnen dazu servieren möchten, schwenken Sie sie nach dem Garen in einer heißen Pfanne mit Butter und gehacktem Knoblauch.

Lammkeule mit frischer Minzsoße

Für 6 Portionen

200 g Minzgelee (aus der Delikatessenabteilung)
2 EL frisch gepresster Zitronensaft
3 EL frische Minze, gehackt
1 kg Lammkeule, entbeint, Fett gründlich entfernt
2 Knoblauchzehen, gehackt
1 EL Rosmarin, gehackt
½ TL Salz
½ TL Pfeffer, frisch gemahlen
1 große Zitrone, halbiert
180 ml trockener Weißwein oder Hühnerbrühe

Außerdem

Fett für das Bratblech
Frischhaltefolie
Küchengarn

Zubereitungszeit

25 Minuten

Garzeit

50 Minuten

1 Ofen auf 190 °C vorheizen. Ein Bratblech dünn einfetten. Für die Soße Minzgelee, Zitronensaft und frische Minze in einem Topf bei mittlerer Hitze 5 Minuten stetig rühren, bis das Gelee schmilzt. Vom Herd nehmen und beiseitestellen.

2 Inzwischen das Lammfleisch mit einem scharfen Messer quer ¾ tief einschneiden. Wie ein Buch auseinander klappen. Fleisch zwischen zwei Schichten Frischhaltefolie legen. Mit einem Fleischklopfer oder Nudelholz auf 2,5 cm flach klopfen.

3 Lamm mit 2 EL Soße bestreichen. Mit Knoblauch, Rosmarin, Salz und Pfeffer bestreuen. Den Saft von einer Zitronenhälfte darüberträufeln. Lamm an einer breiten Seite beginnend aufrollen. Mit Küchengarn längs und quer umwickeln. Mit der Nahtseite nach unten in die Pfanne legen. Saft von der zweiten Zitronenhälfte auf das Fleisch träufeln und mit Wein oder Brühe begießen.

4 Bis zum gewünschten Gargrad im Ofen braten. Für „medium“ benötigen Sie etwa 50 Minuten (ein in die Mitte geschobenes Fleischthermometer zeigt dann 60 °C an). Vor dem Tranchieren 10 Minuten ruhen lassen. Dann in gut 1 cm dicke Scheiben schneiden und mit der Minzsoße servieren. Dazu passt ein Kartoffel-Sellerie-Püree.

Lamm-Pilaw mit Aubergine

Für 4 Portionen

2 Zwiebeln
2 Knoblauchzehen
2 EL Butter
250 g Basmatireis
2 TL edelsüßes Paprikapulver
1 TL gemahlener Kreuzkümmel
¼ TL gemahlener Zimt
½ Dose gehackte Tomaten (200 g)
400 ml Lammfond (Glas) oder Fleischbrühe
350 g Lammrückenfilet (Lammlachs)
4 EL Olivenöl
Salz
Pfeffer, frisch gemahlen
1 große Aubergine
Zitronenspalten (zum Garnieren)

Zubereitungszeit

30 Minuten

1 Zwiebeln und Knoblauch schälen und klein würfeln. Die Butter in einem Topf zerlassen, Zwiebeln mit Knoblauch darin glasig dünsten. Reis und Gewürze unter Rühren etwa 1 Minute mitdünsten.

2 Die gehackten Tomaten hinzufügen. Alles mit Fond oder Brühe aufgießen und aufkochen lassen. Zugedeckt bei schwacher Hitze 12–15 Minuten köcheln lassen, bis der Reis fast die gesamte Flüssigkeit aufgenommen hat.

3 Das Lammfleisch trocken tupfen und in dünne Scheiben schneiden. 2 EL Öl in einer großen Pfanne erhitzen und die Fleischscheiben darin in 2–3 Minuten unter Wenden knusprig braten. Salzen, pfeffern und aus der Pfanne nehmen.

4 Inzwischen die Aubergine waschen, putzen und in etwa 1,5 cm große Würfel schneiden; kräftig salzen. Die Würfel im übrigen Öl (2 EL) in der Pfanne bei starker Hitze unter Wenden in etwa 5 Minuten goldbraun braten.

5 Aubergine und Fleisch unter den Pilaw mischen; kurz erhitzen und mit Salz und Pfeffer abschmecken. Den Pilaw mit Zitronenspalten garnieren und servieren.

Das passt dazu

Für eine Joghurtsoße 200 g Joghurt mit 2 EL Zitronensaft, Salz und Pfeffer verrühren. 2 EL gehackten Dill untermischen. Etwa ein Viertel der Joghurtsoße unter den Pilaw rühren, den Rest dazu servieren.

Profi-Tipp

Wer mag, kann den Pilaw vor dem Servieren mit Pistazienkernen oder gerösteten Pinienkernen bestreuen.

Tipps aller Art

Der frische Rosmarin lässt sich auch durch ½ TL getrockneten Rosmarin ersetzen. Den Ofengrill vorheizen und die Lammkoteletts auf dem Blech auf der 2. Schiene von oben 4–5 Minuten gratinieren.

Servieren Sie zu den Lammkoteletts Ciabatta oder Fladenbrot und Radicchiosalat, der mit Rotwein-Vinaigrette angemacht wurde.

Würzige Lammkoteletts vom Blech

Für 4 Portionen

80 g grüne Oliven mit Paprikafüllung
1 Knoblauchzehe
1 Zweig Rosmarin
6 EL Olivenöl
4 EL Semmelbrösel
8 doppelte Lammkoteletts (je etwa 150 g)
Salz
Pfeffer, frisch gemahlen
4 EL scharfes Ajvar (Paprikapaste)

Zubereitungszeit

30 Minuten

1 Den Ofen auf 220 °C vorheizen. Die Oliven grob hacken. Den Knoblauch schälen und grob zerkleinern.

2 Den Rosmarin waschen und trocken schütteln. Oliven, Knoblauch und Rosmarin mit 4 EL Olivenöl und den Semmelbröseln im Blitzhacker grob zerkleinern.

3 Die Lammkoteletts waschen und mit Küchenpapier trocken tupfen. Die Fettränder mit einem scharfen Messer einschneiden, damit sich die Koteletts beim Braten nicht wölben. Koteletts auf beiden Seiten salzen und pfeffern.

4 In einer großen Pfanne das restliche Öl (2 EL) sehr heiß werden lassen, die Lammkoteletts darin portionsweise auf beiden Seiten 1 Minute scharf anbraten. Herausnehmen und in eine Bratform legen.

5 Die Lammkoteletts erst mit dem Ajvar, dann mit der Olivenmasse bestreichen. Im Ofen (zweite Schiene von oben) 8–10 Minuten braten.

Schon gewusst?

In diesem Rezept dominieren Gemüse und Getreide, während das Fleisch nur eine Nebenrolle spielt. Traditionell wird dieses Gericht vegetarisch zubereitet, da Fleisch in den Ursprungsländern für die Bevölkerung kaum erschwinglich ist. Je mehr Sie den Anteil an Gemüse und Getreide erhöhen, desto mehr unterstützen Sie Ihre Herzgesundheit.

Kürbis-Couscous mit Lamm

Für 4 Portionen

2 TL Olivenöl
230 g Lammschulter, ohne Knochen, in 1 cm große Würfel geschnitten
¾ TL gerebeltes Koriandergrün
½ TL Salz
½ TL gemahlener Ingwer
½ TL gemahlener Kümmel
½ TL Pfeffer, frisch gemahlen
360 ml Möhrensaft
2 EL Tomatenmark
300 g Butternusskürbis, in kleine Stücke geschnitten
300 g Hokkaido-Kürbis, längs halbiert und quer in 1 cm dicke Scheiben geschnitten
1 mittelgroße Zucchini, längs halbiert und quer in 1 cm dicke Scheiben geschnitten
200 g Couscous

Zubereitungszeit
35 Minuten
Garzeit
1 Stunde

1 Das Öl in einem beschichteten Schmortopf bei mittlerer Hitze heiß werden lassen. Lammfleisch mit Koriander, Salz, Ingwer, Kümmel und Pfeffer vermischen und darin etwa 5 Minuten braun anbraten.

2 Möhrensaft und Tomatenmark dazugeben und aufkochen lassen. Die Hitze reduzieren und das Fleisch zugedeckt etwa 30 Minuten köcheln lassen.

3 Butternusskürbis unterrühren und etwa 5 Minuten garen. Hokkaido-Kürbis und Zucchini hinzufügen und etwa weitere 25 Minuten kochen, bis Lamm und Gemüse gar sind.

4 Couscous nach Packungsangabe einweichen oder kochen, anschließend mit einer Gabel etwas auflockern. Couscous und Lammgemüse in verschiedenen Schüsseln servieren.

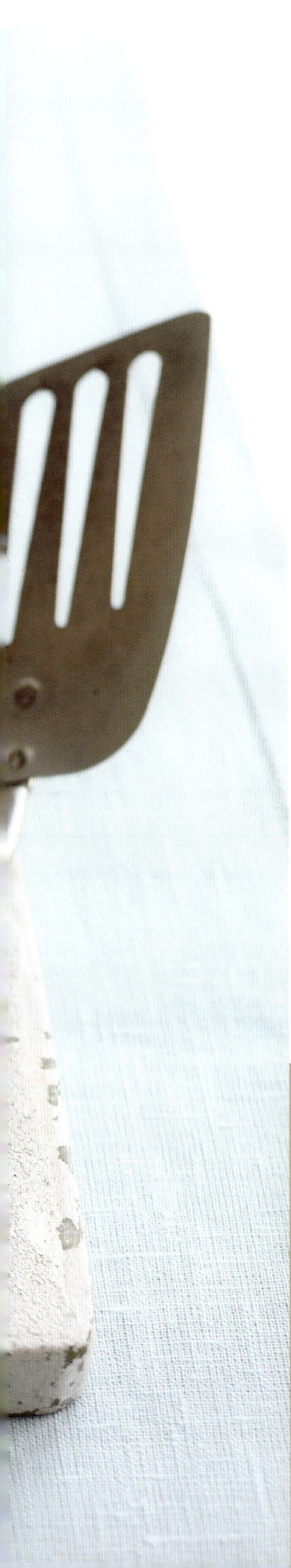

Provenzalische Lammsteaks

Für 4 Portionen

2 EL Olivenöl
1 große rote Zwiebel, gewürfelt
1 große grüne Paprikaschote, gewürfelt
2 Zucchini, gewürfelt
1 kleine Fenchelknolle, gehackt
2 Knoblauchzehen, fein gewürfelt
4 TL Kräuter der Provence
4 magere Lammsteaks aus der Keule (je etwa 125 g)
Salz
Pfeffer, frisch gemahlen
4 große Eiertomaten, gewürfelt
6–8 entsteinte schwarze Oliven, grob gehackt

Zubereitungszeit

30 Minuten

1 Das Öl bis auf 2 TL in einer großen Pfanne mit hohem Rand bei mittlerer Hitze heiß werden lassen. Zwiebel, Paprika, Zucchini, Fenchel und Knoblauch mit den Kräutern darin unter gelegentlichem Rühren 10 Minuten braten, bis das Gemüse weich und leicht gebräunt ist.

2 In der Zwischenzeit die Lammsteaks mit dem restlichen Öl bestreichen sowie leicht salzen und pfeffern. Eine Pfanne heiß werden lassen und die Steaks darin je nach Dicke 5–8 Minuten braten, bis sie gar, aber innen noch etwas rosa sind, dabei einmal wenden; vom Herd nehmen.

3 Tomaten und Oliven zum Gemüse geben und die Soße 3–4 Minuten köcheln lassen, bis die Tomaten weich sind. Die Soße mit Salz und Pfeffer abschmecken und die Lammsteaks in der Soße servieren. Dazu passen Socca (provenzalischer Brotfladen) oder andere Fladenbrote.

Profi-Tipp

Die Gemüsesoße können Sie bis zu 2 Tage im Voraus zubereiten. Abkühlen lassen, zudecken und im Kühlschrank aufbewahren (der Geschmack wird mit der Zeit immer besser). Vor dem Servieren einmal aufkochen lassen – oder einfach kalt servieren.

Variante

Lammfleisch auf marokkanische Art: Gemüse zubereiten, wie in Schritt 1 beschrieben, statt der Kräuter jedoch 1 TL Harissa (nordafrikanische Würzpaste) verwenden. Fleisch nach Rezept braten. Bei der Soße Tomaten und Oliven weglassen. Stattdessen 8 getrocknete Aprikosen (Soft-Früchte) vierteln und mit 250 ml Orangensaft zufügen; 3–4 Minuten köcheln lassen. 3 EL gehacktes frisches Koriandergrün unterrühren.

Lammsteaks auf Rösti

Für 4 Portionen

12 TK-Rösti
600 g Lammrückenfilets (Lammlachse)
Salz
Pfeffer, frisch gemahlen
4 feste Tomaten
200 g Kräuterfrischkäse
2 EL Sahne
1 EL Butterschmalz
½ Bund Petersilie

Zubereitungszeit

30 Minuten

1 Den Ofen auf 200 °C vorheizen. Ein Backblech mit Backpapier belegen. Die Rösti nebeneinander daraufsetzen und im Ofen 14 Minuten vorbacken.

2 Inzwischen das Fleisch trocken tupfen und in 12 gleichmäßig dicke Scheiben schneiden. Die Scheiben mit dem Handballen flach streichen und auf beiden Seiten mit Salz und Pfeffer bestreuen.

3 Tomaten waschen und von den Stielansätzen befreien, dann quer in 12 Scheiben schneiden (je etwa ½ cm dick). Den Frischkäse mit der Sahne cremig rühren.

4 Das Butterschmalz in einer großen Pfanne erhitzen und die Filetscheiben darin bei starker Hitze auf jeder Seite 2 Minuten braten.

5 Das Blech aus dem Ofen nehmen. Die Rösti wenden, zuerst mit je 1 Tomatenscheibe, dann mit jeweils 1 Lammsteak belegen.

6 Die Käsecreme auf die Steaks streichen. Die Ofentemperatur auf 220 °C erhöhen und die belegten Rösti 8–10 Minuten im Ofen überbacken.

7 Inzwischen die Petersilie waschen, die Blätter abzupfen und fein hacken; die Lammsteaks auf Rösti mit der Petersilie bestreuen. Sofort servieren.

Lammsteaks mit Rotweinschalotten

Für 4 Portionen
12 Schalotten (etwa 250 g)
6 EL Olivenöl
2 TL Zucker
3 Knoblauchzehen
250 ml Rotwein
1 Lorbeerblatt
Salz
Pfeffer, frisch gemahlen
1 kleiner Zweig Rosmarin, Nadeln abgezupft
½ frische Chilischote
4 Lammsteaks aus der Keule (je etwa 200 g)

Außerdem
4 kurze Holzspieße
Fett für die Grillpfanne

Zubereitungszeit
40 Minuten

1 Die Holzspieße wässern. Die Schalotten schälen. 2 EL Olivenöl in einer Pfanne erhitzen. Die Schalotten im Ganzen darin unter gelegentlichem Wenden etwa 5 Minuten braten, dabei mit Zucker bestreuen.

2 Knoblauchzehen schälen und 2 davon halbieren. Den Wein mit den Knoblauchhälften und dem Lorbeerblatt zu den Schalotten in die Pfanne geben und aufkochen lassen. Alles zugedeckt etwa 5 Minuten schmoren lassen; salzen und pfeffern. Schalotten im Sud abkühlen lassen.

3 Inzwischen die Rosmarinnadeln und die dritte Knoblauchzehe fein hacken. Die ½ Chilischote waschen, von Samen und Trennwänden befreien und ebenfalls fein hacken. Alle drei Zutaten mit dem restlichen Olivenöl (4 EL) verrühren.

4 Die Lammsteaks trocken tupfen. Mit Pfeffer würzen und mit der Ölmarinade bestreichen. Zugedeckt bei Raumtemperatur bis zum Grillen ruhen lassen.

5 Schalotten aus dem Sud nehmen und abtropfen lassen. Je 3 Stück auf die Spieße stecken. Eine Grillpfanne dünn einfetten und erhitzen. Die Schalottenspieße 10–12 Minuten und die Steaks 8–10 Minuten grillen. Spieße und Steaks gelegentlich wenden. Das Fleisch salzen und mit den Schalottenspießen servieren.

Das passt dazu

Gegrillte Gemüsescheiben (z. B. Auberginen und Zucchini) schmecken wunderbar zu den Lammsteaks.

Variante

Für eine Rotweinsoße den Weinsud (ohne Schalotten und ohne Lorbeerblatt) nochmals aufkochen und offen auf etwa die Hälfte einköcheln lassen. 2 EL Crème fraîche und 1 TL Johannisbeergelee unterrühren. Mit etwas Thymian würzen.

Marokkanisches Lamm mit Couscous

Für 6 Portionen

50 g Mandeln, grob gehackt, oder Mandelstifte
50 g Butter
2 Knoblauchzehen, fein gewürfelt
500 ml Geflügelfond
1 Prise Safranfäden
375 g Instant-Couscous
1 kg Lammrückenfilets (Lammlachse)
2 EL Ras el Hanout (s. Tipp)
1 EL Olivenöl
1 Dose Kichererbsen (Abtropfgewicht 265 g)
2 rote Paprikaschoten, in Streifen geschnitten
3 Zucchini, in lange Bänder geschnitten
4 EL Minze, grob gehackt
4 EL frisches Koriandergrün, grob gehackt

Zubereitungszeit
25 Minuten

1 Die Mandeln in einer Pfanne ohne Fett rösten, bis sie Farbe annehmen. Zum Abkühlen auf einen Teller geben.

2 Die Butter in einem großen Topf erhitzen. Den Knoblauch darin unter Rühren weich dünsten. Fond und Safran zufügen, dann alles aufkochen lassen.

3 Den Couscous nach Packungsangabe in der Flüssigkeit quellen lassen. Anschließend mit einer Gabel auflockern.

4 Inzwischen den Ofengrill anheizen. Das Fleisch mit Ras el Hanout und Olivenöl einreiben. Bei mittlerer Hitze je nach gewünschtem Gargrad 3–4 Minuten pro Seite grillen. Herausnehmen und warm halten.

5 Die Kichererbsen abtropfen lassen. Paprikaschoten und Zucchinibänder pro Seite 2–3 Minuten grillen.

6 Gemüse, Kichererbsen und Kräuter unter den Couscous heben. Fleisch quer in Scheiben schneiden und auf dem Couscous anrichten. Mit Mandeln bestreuen.

Schon gewusst?

Couscous ist ein typischer Bestandteil der nordafrikanischen Küche. Es handelt sich dabei um geschroteten Weizen, der zu Kügelchen geformt und vorgegart wird. Die traditionelle Garmethode ist zeitaufwendig, Instant-Couscous ist eine gute Alternative.

Ras el Hanout ist eine Gewürzmischung aus der nordafrikanischen Küche, die wunderbar mit Couscous und Fleischgerichten harmoniert.

Orientalische Lammfleischpfanne

Für 4 Portionen

750 g Möhren
2 rote Zwiebeln
2 Knoblauchzehen
250 g Blattspinat
4 EL Olivenöl
500 g Lammgeschnetzeltes (Lammlachse bzw. Lammrückenfilets)
Salz
Pfeffer, frisch gemahlen
2 EL Tomatenmark
1 EL edelsüßes Paprikapulver
1–2 TL gemahlener Kreuzkümmel
1 Msp. gemahlener Zimt
500 ml Fleischbrühe

Zubereitungszeit

30 Minuten

1 Möhren putzen und schälen; längs halbieren und schräg in ½ cm dünne Scheiben schneiden. Die Zwiebeln schälen, halbieren und in Streifen schneiden. Den Knoblauch schälen und fein hacken. Den Spinat waschen und putzen.

2 In einer großen Pfanne 2 EL Öl erhitzen. Das Fleisch darin portionsweise bei starker Hitze unter Rühren in 2 Minuten scharf anbraten. Herausnehmen, salzen und pfeffern; dann beiseitestellen.

3 Das restliche Öl (2 EL) in der Pfanne erhitzen. Zwiebeln und Möhren darin unter Rühren 5 Minuten braten. Knoblauch und Tomatenmark hinzufügen und kurz mitbraten. Das Fleisch untermischen, das Gericht mit Paprikapulver, Kreuzkümmel und Zimt würzen.

4 Die Brühe dazugießen. Das Gericht 2–3 Minuten köcheln lassen. Spinat untermischen. Mit Salz und Pfeffer abschmecken. Sofort mit Fladenbrot servieren.

Das passt dazu

Rote-Linsen-Gemüse passt perfekt dazu. Dafür 1 gehackte Zwiebel und 1 Bund fein gehacktes Suppengrün in 2 EL Olivenöl anbraten, 300 g rote Linsen 1 Minute mitbraten. 600 ml Gemüsebrühe dazugießen und alles 7–10 Minuten köcheln lassen. Mit Salz, Pfeffer und 2 EL Zitronensaft würzen. Gehackte Petersilie untermischen.

Profi-Tipp

Gehackte Mandeln in einer Pfanne ohne Fett rösten und vor dem Servieren über das Geschnetzelte streuen.

Lammsteaks mit Orangensoße

Für 4 Portionen

2 unbehandelte Orangen
1 Zweig Rosmarin
2 Knoblauchzehen
600 g Lammrückenfilets (Lammlachse), in 3 cm dicke Scheiben geschnitten
Salz
Pfeffer, frisch gemahlen
3 EL Mehl
2 EL Olivenöl
100 ml trockener Weißwein
150 ml Lammfond
150 g Crème fraîche

Zubereitungszeit

30 Minuten

1 1 Orange heiß waschen, trocken reiben und die Schale mit einem Zestenreißer in feinen Streifen abziehen. Den Saft von beiden Orangen auspressen. Rosmarin waschen, die Nadeln abstreifen und grob hacken. Knoblauchzehen schälen und fein würfeln.

2 Die Fleischscheiben trocken tupfen und mit dem Handballen flach drücken; auf beiden Seiten mit Salz und Pfeffer würzen. Im Mehl wenden.

3 In einer großen Pfanne das Öl stark erhitzen. Die Lammsteaks darin auf jeder Seite 2 Minuten braten. Aus der Pfanne auf eine Platte geben und warm stellen.

4 Rosmarin und Knoblauch im Bratfett 1 Minute schwenken. Orangensaft und -schale sowie Wein, Fond und Crème fraîche dazugeben; den Bratensatz vom Pfannenboden lösen.

5 Die Soße aufkochen und etwa 5 Minuten bei starker Hitze einkochen lassen. Mit Salz und Pfeffer abschmecken. Die Steaks mit der Soße servieren.

Das passt dazu

Mit Knoblauch gedünsteter Blattspinat sowie in Olivenöl geschwenkte und mit Rosmarin gewürzte kleine Pellkartoffeln passen zu Lammfleischgerichten mit mediterraner Note besonders gut.

Variante

Den Lammfond können Sie durch die gleiche Menge Hühnerbrühe ersetzen und statt der Lammsteaks kleine dünne Kalbsschnitzel oder auch Schweinemedaillons verwenden.

Lamm-Kartoffel-Eintopf nach griechischer Art

Für 4 Portionen
500 g mageres Lammfleisch aus der Keule
300 g Zwiebeln, geviertelt, oder 300 g Schalotten, geschält und nicht zerteilt
500 g kleine neue Kartoffeln, längs halbiert
1 große unbehandelte Zitrone, in 8 Spalten zerteilt
1 EL Olivenöl
12 Knoblauchzehen, geschält
je 6 Zweige Rosmarin und Thymian
Salz
Pfeffer, frisch gemahlen
200 g Kirsch- oder kleine Strauchtomaten, halbiert
Außerdem
Aluminiumfolie

Zubereitungszeit
15 Minuten
Garzeit
1 Stunde

1 Den Ofen auf 200 °C vorheizen. Das gesamte Fett vom Lamm entfernen, das Fleisch in 2,5 cm große Würfel schneiden und mit den Zwiebeln oder Schalotten und den längs halbierten Kartoffeln in eine große Bratreine geben.

2 Den Saft von vier Zitronenspalten auspressen, mit dem Öl mischen und über das Fleisch und das Gemüse träufeln. Alle acht Zitronenspalten, den Knoblauch und die Hälfte der Kräuter unter das Gericht rühren und alles nach Geschmack salzen und pfeffern. Die Form mit Aluminiumfolie dicht verschließen und im Ofen 45 Minuten garen.

3 Die Folie und die Kräuter entfernen, dann die Ofentemperatur auf 220 °C erhöhen. Die Tomaten und die restlichen Kräuter zufügen und nochmals etwa 15–20 Minuten braten, bis das Fleisch und das Gemüse gebräunt und weich sind.

4 Lamm und Gemüse auf vier Teller verteilen, den Bratensaft darübergeben und heiß servieren.

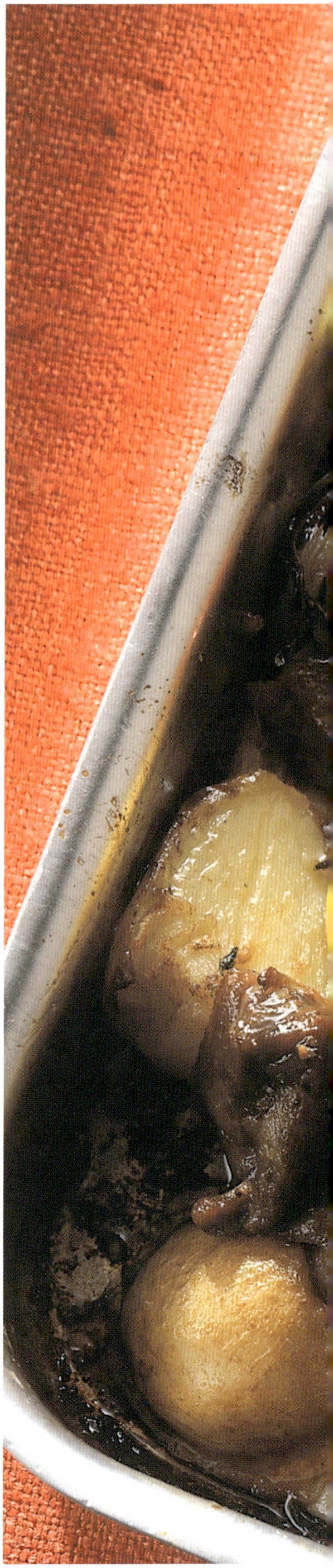

Salat mit Lammrückenfilets, grünen Bohnen und Orange

Für 4 Portionen

300 g grüne Bohnen (Prinzessbohnen)
8 Lammrückenfilets (Lammlachse)
Olivenöl
Salz
Pfeffer, frisch gemahlen
3 große Orangen
90 g schwarze Oliven
2–3 EL fertiges French Dressing

Zubereitungszeit

25 Minuten

1 Die Bohnen vom Ansatz und der Spitze befreien. In der Mikrowelle oder in einem Topf kochendem Wasser 1–2 Minuten bissfest garen. Abgießen, unter kaltem Wasser abschrecken und nochmals abgießen. Die Bohnen diagonal halbieren.

2 In der Zwischenzeit die Lammfilets leicht mit Olivenöl bestreichen und gründlich mit Salz und Pfeffer würzen. Die Orangen schälen und das Weiße entfernen. Dann in 1 cm dicke Scheiben schneiden.

3 Eine große Pfanne auf mittlerer bis starker Temperatur erhitzen. Die Lammfilets einlegen und ohne Wenden 2–3 Minuten braten, bis auf der Oberfläche kleine Feuchtigkeitsperlen erscheinen. Wenden und die andere Seite 2–3 Minuten braten. (Evtl. noch einmal wenden, damit die Filets rundum gebräunt und durchgegart sind.) Vom Herd nehmen und 3 Minuten ruhen lassen.

4 Die Orangenscheiben in einer Servierschüssel oder auf Tellern anrichten. Die Filets diagonal aufschneiden und in einer Schüssel vorsichtig mit Bohnen, Oliven und Dressing mischen. Auf die Orangenscheiben häufen und servieren.

Variante

Anstelle von Lammrücken zerzupftes Brathähnchen, gegrillte Schweinelende oder gegrillte Lammstiel- oder Lammlendenkoteletts verwenden.

Wenn frische Bohnen keine Saison haben, können Sie auch auf Tiefkühlware ausweichen.

Das passt dazu

Reichen Sie knuspriges Stangenweißbrot zu diesem herrlichen Salat.

Lammkoteletts mit Peperonata

Für 4 Portionen

12 Lammstielkoteletts, pariert
3 EL Olivenöl
Salz
schwarzer Pfeffer, frisch gemahlen
2 rote Paprikaschoten
1 grüne Paprikaschote
400 g reife Tomaten
8 große Basilikumblätter

Zubereitungszeit

20 Minuten

1 Eine Grillpfanne stark vorheizen. In der Zwischenzeit die Lammkoteletts leicht mit 2 EL Olivenöl bestreichen und mit Salz und Pfeffer würzen. Die Paprikaschoten längs in dünne Streifen schneiden, die Tomaten hacken und die Basilikumblätter grob zerzupfen. Beiseitestellen.

2 Eine mittelgroße Pfanne (mit Deckel) auf mittlerer bis starker Temperatur erhitzen. Das restliche Olivenöl (1 EL) darin 30 Sekunden heiß werden lassen. Paprika und Tomaten zugeben und unter Rühren etwa 2 Minuten andünsten, bis die Tomaten weich sind.

3 Während die Peperonata kocht, die Koteletts auf einer Seite 2–3 Minuten grillen, bis kleine Feuchtigkeitsperlen auf der Oberfläche entstehen. Wenden und auf der anderen Seite bis zum gewünschten Gargrad grillen. Aus der Pfanne nehmen und 3 Minuten ruhen lassen.

4 Das Basilikum unter das Gemüse ziehen. Nach Geschmack salzen und pfeffern. Die Peperonata zu den Lammkoteletts servieren. Dazu passen Penne oder andere kurze Nudeln.

Profi-Tipp

Die Pfanne oder den Wok beim Braten erst auf die richtige Temperatur bringen, bevor Sie das Öl zugeben. Dann das Öl erhitzen, bevor die erste Zutat hineinkommt. Auf diese Weise garen Fleisch und Gemüse schnell und gleichmäßig. Zudem können sie so gut Farbe annehmen.

Varianten

Statt der Lammkoteletts Schweinekoteletts oder enthäutete, entbeinte Hähnchenbrust zubereiten.

Die frischen Tomaten durch eine 500-g-Dose Tomatensoße für Pasta ersetzen (vorzugsweise mit Zwiebel oder Knoblauch gewürzt).

Variante

Lammtopf mit Minze-Joghurt: 300 g Möhren und 250 g Staudensellerie waschen und klein schneiden. 2 Zwiebeln und 2 Knoblauchzehen schälen und würfeln. 500 g Lammlachse würfeln, anbraten, salzen und pfeffern. Zwiebeln, Knoblauch, Gemüse und 150 g getrocknete Aprikosen 2 Minuten mitbraten. 1 Zimtstange und ½ l Gemüsebrühe zufügen; zugedeckt 10 Minuten schmoren. 250 g Sahnejoghurt mit 1 EL in Streifen geschnittenen Minzeblättern verrühren; salzen und pfeffern. Zum Lammragout servieren.

Lammragout mit Gremolata

Für 4 Portionen

100 g Schalotten
3 EL Olivenöl
500 g Lammrückenfilets (Lammlachse), in 2 cm große Würfel geschnitten
2 TL getrockneter Thymian
Salz
Pfeffer, frisch gemahlen
1 Dose gehackte Tomaten (400 g)
150 ml Rotwein
2 kleine Zucchini

Für die Gremolata

1 Bund Petersilie
1 unbehandelte Zitrone
2 Knoblauchzehen

Zubereitungszeit

30 Minuten

1 Die Schalotten schälen und je nach Größe halbieren oder vierteln. Olivenöl in einem breiten Schmortopf erhitzen, das Fleisch darin rundum 3–4 Minuten kräftig anbraten.

2 Die Schalotten dazugeben und kurz mitbraten. Thymian, Salz und Pfeffer sowie Tomaten und Rotwein hinzufügen. Alles aufkochen und zugedeckt bei mittlerer Hitze 10 Minuten schmoren.

3 Inzwischen die Zucchini waschen, putzen und in 2 cm große Würfel schneiden.

4 Für die Gremolata die Petersilie waschen, abzupfen und fein hacken. Die Zitrone heiß waschen und abtrocknen, die Schale abreiben. Knoblauch schälen und fein hacken. Petersilie, Zitrone und Knoblauch mischen.

5 Die Zucchiniwürfel zum Ragout geben und weitere 5 Minuten schmoren. Nochmals alles mit Salz und Pfeffer abschmecken. Die Hälfte der Gremolata auf das Ragout streuen, den Rest dazu reichen. Dazu passen Couscous oder Reis.

Lammspieße mit Auberginensoße

Für 4 Portionen

1 kleiner Zweig Rosmarin
2 Knoblauchzehen
Salz
6 EL Olivenöl
3 EL Zitronensaft
½ TL edelsüßes Paprikapulver
750 g Lammfleisch (Keule), in 2 cm große Würfel geschnitten
1 Aubergine (etwa 220 g)
400 g Tomaten
1 Zwiebel
Pfeffer, frisch gemahlen
1 TL getrockneter Thymian
100 g Ajvar (Paprikapaste)

Außerdem

Metallspieße

Zubereitungszeit

25 Minuten

Marinierzeit

mindestens 3 Stunden

1 Den Rosmarinzweig waschen, die Nadeln abstreifen und fein hacken. 1 Knoblauchzehe schälen, grob zerkleinern, salzen und fein zerdrücken. 4 EL Olivenöl mit 2 EL Zitronensaft, dem Paprikapulver, dem Rosmarin und dem zerdrückten Knoblauch verrühren.

2 Die Fleischwürfel trocken tupfen und mit der Marinade mischen; zudecken, kühl stellen und mindestens 3 Stunden durchziehen lassen.

3 Die Aubergine waschen, das obere Ende abschneiden und die Frucht in etwa 1 cm große Würfel schneiden. Die Tomaten mit kochend heißem Wasser überbrühen, von den Stielansätzen befreien und in Würfel schneiden. Die Zwiebel und die restliche Knoblauchzehe schälen und fein würfeln.

4 Das restliche Olivenöl (2 EL) in einer großen Pfanne erhitzen. Die Zwiebel darin glasig dünsten. Aubergine und Knoblauch hinzufügen und etwa 3 Minuten mitdünsten. Alles mit Salz, Pfeffer und Thymian würzen.

5 Die Tomaten zur Auberginenmischung geben. Alles zugedeckt etwa 15 Minuten köcheln lassen, bis die Auberginen weich sind. Abkühlen lassen. Ajvar unterrühren und die Soße mit Salz, Pfeffer und restlichem Zitronensaft (1 EL) abschmecken.

6 Die Fleischwürfel aus der Marinade nehmen, abtropfen lassen und auf Spieße stecken. Die Marinade aufbewahren. Die Spieße etwa 12 Minuten in einer Grillpfanne braten, dabei gelegentlich umdrehen und immer wieder mit der Marinade bestreichen. Die Fleischspieße salzen und pfeffern, auf Tellern anrichten und die Auberginensoße dazu servieren. Dazu passt Fladenbrot.

Profi-Tipps

Wer mag, kann die Marinade noch mit ½ TL gemahlenem Kreuzkümmel und die Auberginensoße mit 2 Msp. gemahlenem Koriander würzen.

Wenn es schnell gehen muss, können Sie statt frischer Tomaten gewürfelte aus der Dose nehmen. Außerdem die Marinade und die Auberginensoße mit etwas Knoblauchpulver würzen, das spart die Zeit fürs Schälen und Zerkleinern der Knoblauchzehen.

Bohnentopf mit Aprikosen und Lamm

Für 4 Portionen

400 g Lammfleisch (Lende), in 3 cm dicke Scheiben geschnitten
Pfeffer, frisch gemahlen
2½ TL getrocknetes Bohnenkraut
1 Zwiebel
2 Knoblauchzehen
3 EL Olivenöl
Salz
400 ml Gemüsebrühe
500 g grüne Bohnen (TK-Ware)
1 Dose weiße Bohnen (Abtropfgewicht 250 g)
2 Tomaten
8 getrocknete Aprikosen
100 g Crème fraîche
1 EL Kräuteressig (z. B. Estragonesslg)

Zubereitungszeit

30 Minuten

1 Die Fleischscheiben mit Pfeffer und 1 TL Bohnenkraut würzen. Die Zwiebel schälen und würfeln. Die Knoblauchzehen schälen und fein hacken.

2 In einer großen Kasserolle 2 EL Olivenöl erhitzen und die Lammscheiben darin auf jeder Seite 1 Minute braten. Herausnehmen; auf einen Teller legen, salzen und mit einer Schüssel zudecken.

3 Das restliche Olivenöl (1 EL) in die Kasserolle geben. Zwiebelwürfel und Knoblauch darin glasig werden lassen. Das restliche Bohnenkraut (1½ TL) darüberstreuen.

4 Die Gemüsebrühe dazugießen und zum Kochen bringen. Die gefrorenen Bohnen untermischen. Das Ganze mit Salz und Pfeffer würzen und 5 Minuten bei starker Hitze zugedeckt garen.

5 In der Zwischenzeit die weißen Bohnen in einem Sieb abspülen und abtropfen lassen. Die Tomaten waschen, von den grünen Stielansätzen befreien und in Würfel schneiden.

6 Die weißen Bohnen und die Tomaten unter die grünen Bohnen mischen. Das gebratene Fleisch hinzufügen und in 5 Minuten bei schwacher Hitze im Eintopf gar ziehen lassen.

7 Währenddessen die Aprikosen in Streifen schneiden. Die Fruchtstreifen mit der Crème fraîche im Bohnentopf erwärmen. Das Gericht mit Salz, Pfeffer und Kräuteressig abschmecken.

Profi-Tipp

Statt der gebratenen Lammscheiben können Sie auch gegarte Bratenreste (von Lamm oder Schwein) in kleine Würfel schneiden und unter Bohnen und Tomaten mischen.

Das passt dazu

Reichen Sie am besten frisches Baguette zu dem Bohnentopf. Damit lässt sich wunderbar die feine Garflüssigkeit auftunken.

Variante

Lamm-Tomaten-Spieße mit Kichererbsensoße: 3 TL Harissa-Pulver mit 3 EL Olivenöl verrühren. 600 g Lammfleischwürfel (1,5 cm groß) mit dem Öl mischen, dann mit 300 g Kirschtomaten auf Spieße stecken. 130 g Kichererbsen und 3 EL Tahin pürieren. 6 EL Zitronensaft, 3 EL Olivenöl und 100 g Joghurt untermixen. Mit 1 TL Kreuzkümmel, Cayennepfeffer, Salz und Pfeffer abschmecken. Die Spieße 12 Minuten braten; salzen, pfeffern und mit der Soße servieren.

Lammhackspieße mit Kichererbsensalat

Für 4 Portionen
- 1 Zwiebel
- 600 g Lammhackfleisch
- 1 TL gemahlene Koriandersamen
- 2 TL gemahlener Kreuzkümmel
- 3 Msp. Cayennepfeffer
- Salz
- Pfeffer, frisch gemahlen
- 1 Dose Kichererbsen (Abtropfgewicht 265 g)
- 400 g Tomaten
- 4 Stängel Petersilie
- 5 EL Zitronensaft
- 3 EL Olivenöl
- 1 EL Sesampaste (Tahin)

Außerdem
- Spieße (vorzugsweise Vierkantspieße)
- Fett für die Pfanne

Zubereitungszeit
25 Minuten
Kühlzeit
mindestens 1 Stunde
Marinierzeit
10 Minuten

1 Die Zwiebel schälen und sehr fein würfeln. Das Lammhackfleisch mit Koriander, Kreuzkümmel, Cayennepfeffer, Salz und Pfeffer kräftig würzen. Zwiebelwürfel hinzufügen und alles mit den Händen gut verkneten.

2 Die Fleischmasse in 8 Portionen teilen. Daraus mit angefeuchteten Händen etwa 2 cm dicke Würstchen formen. Diese der Länge nach auf die Spieße stecken, dabei gut andrücken. Zudecken; für mindestens 1 Stunde kühl stellen.

3 Inzwischen die Kichererbsen in einem Sieb abspülen und abtropfen lassen. Die Tomaten waschen, von den Stielansätzen befreien und in Würfel schneiden. Die Petersilie waschen, die Blättchen abzupfen und fein hacken.

4 Aus Zitronensaft, Olivenöl und Sesampaste eine Salatsoße rühren. Mit Salz und Pfeffer abschmecken.

5 Kichererbsen und Tomaten in einer Schüssel mit der Salatsoße mischen. Den Salat mindestens 10 Minuten bei Raumtemperatur durchziehen lassen.

6 Eine Grillpfanne dünn einfetten und die Lammhackspieße in etwa 10 Minuten knusprig braten, dabei öfter wenden. Auf Tellern anrichten und mit dem Kichererbsensalat servieren. Dazu passen Fladenbrot oder Reis.

Orientalischer Lammtopf mit Linsen

Für 4 Portionen
300 g Tellerlinsen
1 Möhre
1 Zwiebel
1 Knoblauchzehe
4 EL Olivenöl
400 g Lammfleisch (Keule), in 1,5 cm große Würfel geschnitten
1 TL gemahlener Kreuzkümmel
½ TL gemahlene Koriandersamen
½ TL gemahlener Ingwer
¼ TL gemahlener Kardamom
1 Dose gehackte Tomaten (400 g)
800 ml Gemüsebrühe
1 Dose Kichererbsen (Abtropfgewicht 280 g)
4 Stängel Dill
150 g Joghurt
Salz
Pfeffer, frisch gemahlen
Cayennepfeffer
2 EL Zitronensaft

Zubereitungszeit
15 Minuten
Garzeit
1 Stunde

1 Die Linsen waschen und in einem Sieb abtropfen lassen. Die Möhre schälen und in kleine Würfel schneiden. Die Zwiebel schälen und ebenfalls in kleine Würfel schneiden. Den Knoblauch schälen und fein hacken.

2 In einem großen Topf 2 EL Öl erhitzen. Das Fleisch darin kurz anbraten, dann die Zwiebelwürfel kurz mitbraten. Alles mit Kreuzkümmel, Koriander, Ingwer, Kardamom und Knoblauch würzen.

3 Möhren, Linsen und Tomaten untermischen. Die Brühe dazugießen und alles zugedeckt etwa 1 Stunde köcheln lassen, bis die Linsen weich sind, aber noch nicht zerfallen.

4 In der Zwischenzeit die Kichererbsen abtropfen lassen. Den Dill waschen und die Spitzen abzupfen. Den Joghurt cremig rühren und mit Salz und Pfeffer würzen. Die Dillspitzen unterrühren.

5 Wenn die Linsen gar sind, die Kichererbsen unter den Eintopf rühren und erhitzen. Das Gericht mit Salz, Pfeffer, Cayennepfeffer und Zitronensaft abschmecken; mit dem restlichen Olivenöl (2 EL) beträufeln. Dill-Joghurt dazu servieren.

Profi-Tipp

Das Linsengericht können Sie einen Tag vorher zubereiten und dann kühl stellen. Durchgezogen schmeckt es besonders gut.

Das passt dazu

Reichen Sie dazu ein Fladenbrot. Am besten schmeckt es, wenn es vor dem Servieren kurz aufgebacken und warm serviert wird.

Register

A

Ajvar 76, 250, 274
Äpfel
Rinderhüftsteaks mit Radieschensoße 68
Rindfleischsalat „Waldorf“ 90
Schweinekotelett auf Wirsinggemüse und sautiertem Apfel 217
Aprikosen
Bohnentopf mit Aprikosen und Lamm 276
Glasierte Schweinefleischspieße 159
Lammcurry mit Aprikosen 240
Schweinefilet mit Spinat-Cashew-Füllung 186
Schweinekoteletts mit Rucolasalat 196
Artischockenherzen
Hamburger für Feinschmecker 72
Kalbsgeschnetzeltes mit grünem Spargel 116
Asiatische Grillspießchen 24
Auberginen
Auberginen-Lamm-Moussaka 225
Auberginenschiffchen mit Lamm und Reis 222
Griechischer Nudeltopf mit Auberginen und Kalbfleisch 144
Lammfilets mit mediterranem Gemüse aus dem Ofen 228
Lamm-Pilaw mit Aubergine 248
Lammspieße mit Auberginensoße 274
Provenzalisches Schweinefilet 176
Auberginensoße 274
Austernpilze 212
Avocado 75

B

Barbecuesoße 207
bardieren 17
belegen 17
Besonders einfaches „Steak Diane“ 84
bestreichen 17
Biersoße 199
binden 17
Bohnenpüree 239
Bohnentopf mit Aprikosen und Lamm 276
Braten im Ofen 19
Bratenthermometer 13
Brokkoli
Pot-au-feu mit Schweinefilet 194
Sonntagsrostbraten nach englischer Art 88
Brunnenkresse 90

C

Calvadossoße 112
Cashewkerne 186
Cevapcici auf Tomaten-Reis 26
Champignons
Filet Stroganoff 35
Geschmorte Kalbsschulter 96
Indisches Rindfleisch-Curry 45
Kalbsfilet mit Champignons 129
Kalbsschnitzel Marsala 99
Klassisches Rindercarpaccio mit Champignons 57
Pastetchen mit Kalbsragout 150
Rinderfiletsteaks mit Pilzen in der Papierhülle 60
Rinderlendenbraten in Rotweinsoße 71
Schweinefilet im Blätterteigmantel 185
Schweinesteaks mit Champignonsoße 203
Champignonsoße 203
Chili con Carne 29
Cordon bleu 155
Cordon-bleu-Rouladen mit Cranberrysoße 175
Cornichons
Minirouladen in Rotweinsoße 47
Rinderfilet mit Paprikaschoten 58
Cranberrys
Cordon-bleu-Rouladen mit Cranberrysoße 175
Schweinelende mit Cranberry-Möhren-Gemüse 162

E

Egerlinge 79
Einkauf 7, 8, 9
elektrisches Messer 13
Entrecôtes mit Zwiebelsoße 30
Erbsen
Grünes Chili mit Schweinefleisch 161
Irish Stew 232
Erdnüsse 83

F

Filet Stroganoff 35
Flageolet-Bohnen 239
Fleischklopfer 13
Fleischschnitte 11
Fonds 14
Demi-Glace 16
Dunkler Kalbsfond 15
Heller Kalbsfond 15
Heller und dunkler Rinderfond 16
Lammfond 16
füllen 18

G

Garmethoden 18
Gartemperaturen 21
Gartengemüse 38
Garzeiten 21

Gebratenes Lendensteak mit Gartengemüse 38
Gefüllte Kalbsbrust 111
Gefüllte Kalbskoteletts mit Feta 104
Gefüllte Kalbsschnitzel mit Pesto 142
Gegrillte Lenden-„Rippchen“ 156
Geschmorte Kalbsschulter 96
Gewürzgurken
Filet Stroganoff 35
Geschmorte Kalbsschulter 96
Steak-Gröstl mit Pilzen 79
Glasierte Schweinefleischspieße 159
Gratinierte Kalbslende mit Calvadossoße 112
Gremolata 273
Griechischer Nudelauflauf 120
Griechischer Nudeltopf mit Auberginen und Kalbfleisch 144
grillen 20
grüne Bohnen
Bohnentopf mit Aprikosen und Lamm 276
Gebratenes Lendensteak mit Gartengemüse 38
Kartoffel-Bohnen-Topf mit Kalbfleisch 149
Rindergeschnetzeltes mit grünen Bohnen 63
Salat mit Lammrückenfilets, grünen Bohnen und Orange 269
Schweinefilet mit Kumquats und Bohnen 193
Toskanische Kalbskoteletts 137
Grünes Chili mit Schweinefleisch 161

H

Hamburger für Feinschmecker 72
Herzhafter Lammeintopf mit Süßkartoffeln 231
Hoisin-Soße 52
Hummus 75

I/J

Indisches Rindfleisch-Curry 45
Involtini – italienische Kalbfleischröllchen 100
Irish Stew 232
italienische Soße 41
Joghurtsoße 107, 248

K

Kalbfleischpfanne mit Rosenkohl 126
Kalbfleischröllchen 100
Kalbsbraten mit Salbei 134
Kalbsfilet mit Champignons 129
Kalbsgeschnetzeltes mit grünem Spargel 116
Kalbsgeschnetzeltes unter der Kartoffelhaube 147
Kalbsgulasch auf ungarische Art 138
Kalbsgyros mit Joghurtsoße 107
Kalbskoteletts auf Wiener Art 122
Kalbsleber mit Zucchinigemüse 125
Kalbsmedaillons in der Papierhülle 60
Kalbspiccata mit Tomatensoße 115
Kalbsschnitzel Marsala 99
Kalbsschnitzel mit Roquefort auf Nudeln 130
Kapern
Hamburger für Feinschmecker 72
Königsberger Klopse 108
Rumpsteaks mit italienischer Soße 41
Vitello tonnato 103
Kapernäpfel 63
Kartoffel-Bohnen-Topf mit Kalbfleisch 149
Kartoffeltopf mit weißen Bohnen 149
Käse
Butterkäse 142
Emmentaler 75, 112, 155
Feta 104, 144
Fontina 142
Gorgonzola 186
Gouda 120, 155
Gruyère 112
Kefalotyri 120, 225
Manchego 189
Parmesan 42, 57, 100, 115
Pecorino 189
Kasseler mit Mango-Kraut 165
Kichererbsen
Kichererbsengratins mit Lamm 235
Lammhackspieße mit Kichererbsensalat 279
Marokkanisches Lamm mit Couscous 261
Orientalischer Lammtopf mit Linsen 280
Kidneybohnen 29
Kirschtomaten
Kichererbsengratins mit Lamm 235
Lammfilets mit mediterranem Gemüse aus dem Ofen 228
Lammmedaillons mit Kräuterbutter 236
Rindergeschnetzeltes mit grünen Bohnen 63
Rinderlendenbraten in Rotweinsoße 71
Rindfleisch-Wraps mit Taboulé 75
Roastbeef mit grünem Spargel 42
Klassisches Rindercarpaccio mit Champignons 57
Knochensäge 13
Knollensellerie
Kalbsbraten mit Salbei 134
Lammrücken aus dem Ofen 227
Sauerbraten 33
Schweinshachsen 204
Kohlrouladen 166

Königsberger Klopse 108
Koteletts mit Möhren-Meerrettich-Füllung 169
Koteletts mit Roquefort 170
Küchenbeil 13
Kumquats 193
Kürbis-Couscous mit Lamm 252
Kurzbraten 18

L

Lagerung 10
Lammcurry mit Aprikosen 240
Lammfilets mit mediterranem Gemüse aus dem Ofen 228
Lammhackspieße mit Kichererbsensalat 279
Lamm-Kartoffel-Eintopf nach griechischer Art 266
Lammkeule mit frischer Minzsoße 247
Lammkeule mit Kräutern und Knoblauch 244
Lammkoteletts mit Peperonata 270
Lammmedaillons mit Kräuterbutter 236
Lamm-Pilaw mit Aubergine 248
Lammragout mit Gremolata 273
Lammragout mit Oliven 243
Lammrücken aus dem Ofen 248
Lammspieße mit Auberginensoße 274
Lammsteaks auf Rösti 256
Lammsteaks mit Orangensoße 265
Lammsteaks mit Rosmarin an Bohnenpüree 239
Lammsteaks mit Rotweinschalotten 258

Lauch

Irish Stew 232
Lammcurry mit Aprikosen 240
Pot-au-feu 93
Pot-au-feu mit Schweinefilet 194
Sauerbraten 33
Schlanker Rinderhackbraten 65
Schweinshachsen 204

Linsen

Orientalischer Lammtopf mit Linsen 280

M

Mandeln

Marokkanisches Lamm mit Couscous 261
Schweinefilet im Wirsingmantel 180

Mangos 165
Marinaden 14
Marokkanisches Lamm mit Couscous 261

Meerrettich

Koteletts mit Möhren-Meerrettich-Füllung 169
Ochsenbrust mit Meerrettich 48
Riesenroulade mit Meerrettichsoße 55
Schlanker Rinderhackbraten 65

Minirouladen in Rotweinsoße 47

Möhren

Geschmorte Kalbsschulter 96
Irish Stew 232
Kalbsbraten mit Salbei 134
Koteletts mit Möhren-Meerrettich-Füllung 169
Lammrücken aus dem Ofen 227
Orientalische Lammfleischpfanne 262
Orientalischer Lammtopf mit Linsen 280
Pot-au-feu 93
Pot-au-feu mit Schweinefilet 194
Rinderlendenbraten in Rotweinsoße 71
Rinderschmorbraten 87
Rindfleischsalat „Waldorf“ 90
Sauerbraten 33
Schweinekrustenbraten mit Biersoße 199
Schweinelende mit Cranberry-Möhren-Gemüse 162
Schweinemedaillons mit Paprikagemüse 214
Schweinshachsen 204
Sonntagsrostbraten nach englischer Art 88
Tafelspitz mit Bouillonkartoffeln 66
Toskanische Kalbskoteletts 137
Vitello tonnato 103

Morcheln 182

N

Niedrigtemperaturgaren 20

O

Ochsenbrust mit Meerrettich 48
Ochsenschwanzsuppe unter der Haube 51
Okraschoten 231

Oliven

Hamburger für Feinschmecker 72
Lammragout mit Oliven 243
Lammsteaks mit Rosmarin an Bohnenpüree 239
Provenzalische Lammsteaks 255
Provenzalisches Schweinefilet 176
Rumpsteaks mit italienischer Soße 41
Schweinefilet im Wirsingmantel 180
Schweinemedaillons mit Paprikagemüse 214
Würzige Lammkoteletts vom Blech 250

Orangen

Lammsteaks mit Orangensoße 265
Schweinemedaillons mit Paprikagemüse 214

Orientalische Lammfleischpfanne 262
Orientalischer Lammtopf mit Linsen 280

P

panieren 18
Paniertes Schweineschnitzel 173
Paprikaschoten 171
Asiatische Grillspießchen 24
Gegrillte Lenden-„Rippchen“ 156
Griechischer Nudelauflauf 120
Grünes Chili mit Schweinefleisch 161
Kalbsgulasch auf ungarische Art 138
Lammkoteletts mit Peperonata 270
Marokkanisches Lamm mit Couscous 261
Pfannengerührtes Rindfleisch mit Gemüse und Hoisin-Soße 52
Provenzalische Lammsteaks 255
Rinderfilet mit Paprikaschoten 58
Rindfleischsalat „Waldorf“ 90
Schlanker Rinderhackbraten 65
Schweinefleisch aus dem Wok 190
Schweinemedaillons mit Paprikagemüse 214
Steak-Gröstl mit Pilzen 79
parieren 16
Pastetchen mit Kalbsragout 150
Pastinaken 88
Persillade 75
Petersilienwurzeln 199
Pfannengerührtes Rindfleisch mit Gemüse und Hoisin-Soße 52
Pfannengerührtes Schweinefleisch mit Pilzen 212
Pinienkerne
Kalbfleischpfanne mit Rosenkohl 126
Kalbsleber mit Zucchinigemüse 125
Schweinefilet im Wirsingmantel 180
Plattiereisen 13
plattieren 16
pochieren 20
Pot-au-feu 93
Pot-au-feu mit Schweinefilet 194
Provenzalische Lammsteaks 255
Provenzalisches Schweinefilet 176

R

Radieschen
Rinderhüftsteaks mit Radieschensoße 68
Rindfleischsalat „Waldorf“ 90
Reifung 7
Riesenroulade mit Meerrettichsoße 55
Rinderfilet mit Paprikaschoten 58
Rinderfiletsteaks mit Pilzen in der Papierhülle 60
Rindergeschnetzeltes mit grünen Bohnen 63
Rinderhüftsteaks mit Radieschensoße 68
Rinderlendenbraten in Rotweinsoße 71
Rinderschmorbraten 87
Rindfleischröllchen nach Balkanart 76
Rindfleischsalat „Waldorf“ 90
Rindfleisch-Wraps mit Taboulé 75
Roastbeef mit grünem Spargel 42
Roquefort
Kalbsschnitzel mit Roquefort auf Nudeln 130
Koteletts mit Roquefort 170
Rosenkohl 126
Rosinen 90, 180
Röstgemüse 88
Rotweinsoße 47, 71, 258
Rucola
Rindfleischsalat „Waldorf“ 90
Schweinekoteletts mit Rucolasalat 196
Rumpsteaks mit italienischer Soße 41
Rumpsteaks mit Tomaten-Kräuter-Kruste 80

S

Salatgurken
Rindfleisch-Wraps mit Taboulé 75
Thailändischer Rindfleischsalat mit Erdnüssen 83
Zitronen-Kalbfleisch-Klöße auf Gurkengemüse 141
Salat mit Lammrückenfilets, grünen Bohnen und Orange 269
Saltimbocca mit Marsalasoße 133
Sardellen
Hamburger für Feinschmecker 72
Königsberger Klopse 108
Vitello tonnato 103
Sauerbraten 33
Sauerkraut
Kasseler mit Mango-Kraut 165
Szegediner Gulasch 208
sautieren 19
scharfe Messer 13
Schinken
Cordon bleu 155
Cordon-bleu-Rouladen mit Cranberrysoße 175
Gefüllte Kalbsschnitzel mit Pesto 142
Saltimbocca mit Marsalasoße 133
Schweinefilet im Blätterteigmantel 185
Schweinefilet im Wirsingmantel 180
Schweinefilet mit Tomaten-Sherry-Soße 189
Schlanker Rinderhackbraten 65
schmoren 19
Schneidebretter 13
schneiden 16
Schweinefilet im Blätterteigmantel 185
Schweinefilet im Wirsingmantel 180
Schweinefilet mit Kumquats und Bohnen 193
Schweinefilet mit Morchelsoße 182

Schweinefilet mit Spinat-Cashew-Füllung **186**
Schweinefilet mit Tomaten-Sherry-Soße **189**
Schweinefleisch aus dem Wok **190**
Schweinekotelett auf Wirsinggemüse und sautiertem Apfel **217**
Schweinekoteletts mit Rucolasalat **196**
Schweinekrustenbraten mit Biersoße **199**
Schweinelende mit Cranberry-Möhren-Gemüse **162**
Schweinemedaillons mit Paprikagemüse **214**
Schweinerollbraten mit Kräutern **200**
Schweinespieße vom Grill **211**
Schweinesteaks mit Champignonsoße **203**
Schweinshachsen **204**
Shiitakepilze
Pfannengerührtes Rindfleisch mit Gemüse und Hoisin-Soße **52**
Rinderfiletsteaks mit Pilzen in der Papierhülle **60**
Silberzwiebeln **60**
Sonntagsrostbraten nach englischer Art **88**
Spareribs mit Barbecuesoße **207**
Spargel
Kalbsgeschnetzeltes mit grünem Spargel **116**
Roastbeef mit grünem Spargel **42**
Speck
Gefüllte Kalbskoteletts mit Feta **104**
Kalbsbraten mit Salbei **134**
Lammrücken aus dem Ofen **227**
Minirouladen in Rotweinsoße **47**
Riesenroulade mit Meerrettichsoße **55**
Rinderschmorbraten **87**
Sauerbraten **33**
Schweinefilet mit Spinat-Cashew-Füllung **186**
Speiserüben
Irish Stew **232**
Pot-au-feu **93**
spicken **17**
Spinat
Indisches Rindfleisch-Curry **45**
Koteletts mit Roquefort **170**
Orientalische Lammfleischpfanne **262**
Schweinefilet mit Spinat-Cashew-Füllung **186**
Staudensellerie
Ochsenschwanzsuppe unter der Haube **51**
Pot-au-feu mit Schweinefilet **194**
Rinderschmorbraten **87**
Rindfleischsalat „Waldorf“ **90**
Schlanker Rinderhackbraten **65**
Vitello tonnato **103**
Steak-Gröstl mit Pilzen **79**
Steinpilze **111**
Sultaninen **90**
Suppengrün
Ochsenbrust mit Meerrettich **48**
Riesenroulade mit Meerrettichsoße **55**
Sauerbraten **33**
Süßkartoffeln **231**
Szegediner Gulasch **208**

T

Taboulé **75**
Tafelspitz mit Bouillonkartoffeln **66**
Tahin **279**
Tapenade **100**
Techniken **16**
Thailändischer Rindfleischsalat mit Erdnüssen **83**
Thunfisch-Mayonnaise **103**
Tomaten
Auberginen-Lamm-Moussaka **225**
Bohnentopf mit Aprikosen und Lamm **276**
Cevapcici auf Tomaten-Reis **26**
Chili con Carne **29**
Griechischer Nudelauflauf **120**
Griechischer Nudeltopf mit Auberginen und Kalbfleisch **144**
Hamburger für Feinschmecker **72**
Herzhafter Lammeintopf mit Süßkartoffeln **231**
Indisches Rindfleisch-Curry **45**
Kalbfleischpfanne mit Rosenkohl **126**
Kalbsgeschnetzeltes mit grünem Spargel **116**
Kalbsgulasch auf ungarische Art **138**
Kalbsgyros mit Joghurtsoße **107**
Kalbspiccata mit Tomatensoße **115**
Kalbsschnitzel mit Roquefort auf Nudeln **130**
Lammhackspieße mit Kichererbsensalat **279**
Lamm-Kartoffel-Eintopf nach griechischer Art **266**
Lammkoteletts mit Peperonata **270**
Lamm-Pilaw mit Aubergine **248**
Lammragout mit Gremolata **273**
Lammspieße mit Auberginensoße **274**
Lammsteaks auf Rösti **256**
Orientalischer Lammtopf mit Linsen **280**
Provenzalische Lammsteaks **255**
Provenzalisches Schweinefilet **176**
Rindfleisch-Wraps mit Taboulé **75**
Rumpsteaks mit italienischer Soße **41**
Rumpsteaks mit Tomaten-Kräuter-Kruste **80**
Schlanker Rinderhackbraten **65**
Schweinefilet im Wirsingmantel **180**

Schweinefilet mit Tomaten-Sherry-Soße **189**
Schweinekoteletts mit Rucolasalat **196**
Toskanische Kalbskoteletts **137**
Tomatenpaprika **76**
Tomaten-Reis **26**
Tomaten-Sherry-Soße **189**
Tomatensoße **115**
Toskanische Kalbskoteletts **137**
tranchieren **18**
Trüffel **51**

U/V

Überbackene Schweinesteaks auf Kartoffeln **219**
Vitello tonnato **103**

W

Walnusskerne
Kalbsschnitzel mit Roquefort auf Nudeln **130**
Rindfleischsalat „Waldorf" **90**
Wasserkastanien
Asiatische Grillspießchen **24**
weiße Bohnen **276**
Weißkohl
Kohlrouladen **166**
Whisky-Schinkenbraten **179**
Wirsing
Gefüllte Kalbsbrust **111**
Schweinefilet im Wirsingmantel **180**
Schweinekotelett auf Wirsinggemüse und sautiertem Apfel **217**
Würzige Lammkoteletts vom Blech **250**

Y/Z

Yorkshire-Pudding **88**
Ziegenfrischkäse
Kichererbsengratins mit Lamm **235**
Zitronen-Kalbfleisch-Klöße auf Gurkengemüse **141**
Zucchini
Glasierte Schweinefleischspieße **159**
Kalbsleber mit Zucchinigemüse **125**
Kürbis-Couscous mit Lamm **252**
Lammragout mit Gremolata **273**
Marokkanisches Lamm mit Couscous **261**
Provenzalische Lammsteaks **255**
Zuckerschoten
Pastetchen mit Kalbsragout **150**
Pfannengerührtes Rindfleisch mit Gemüse und Hoisin-Soße **52**
Pfannengerührtes Schweinefleisch mit Pilzen **212**
Schweinefleisch aus dem Wok **190**
Zürcher Geschnetzeltes **119**
Zwiebelrostbraten **36**
Zwiebelsoße **30**

Impressum und Bildnachweis

Einleitung
Petra Bachmann für bookwise GmbH, München

Rezepttexte
Marion Neuwirth für bookwise GmbH, München: S. 33, 36, 96, 103, 108, 129, 134, 155, 166, 173, 185, 204, 227, 235

Übersetzung aus dem Englischen
Martina Walter für bookwise GmbH, München: S. 84–93, 138, 211–217, 269, 270

Producing
bookwise medienproduktion GmbH, München

Reader's Digest
Redaktion: Falko Spiller
Grafik und Prepress: Peter Waitschies
Bildredaktion: Sabine Schlumberger

Redaktionsdirektor: Michael Kallinger
Redaktionsleiterin Buch: Almuth Stiefvater
Art Director: Susanne Hauser

Produktion
Arvato SCS SE: Thomas Kurz

Druck und Binden
Livonia Print, Riga

Überarbeitete Neuausgabe 2021

Verlag Das Beste GmbH, Stuttgart, Appenzell, Wien

Printed in Latvia

ISBN 978-3-96211-028-4

Besuchen Sie uns im Internet:
readersdigest-verlag.de | readersdigest-verlag.ch | readersdigest-verlag.at

Bildnachweis
Umschlagvorderseite, Einleitung: alle Fotos iStock

Illustrationen: picture alliance/foodcollection: Umschlagrückseite, S. 3, 4, 5, 9, 23, 95, 153, 221

Alle Rezeptfotos: Reader's Digest, außer Christiane Krüger, Hamburg: S. 22, 27, 28, 31, 32, 34, 37, 43, 50, 56, 59, 61, 62, 69, 77, 78, 81, 94, 97, 101, 102, 105, 106, 109, 113, 114, 117, 118, 121, 127, 128, 131, 135, 140, 143, 145, 146, 148, 151, 152, 154, 164, 167, 172, 174, 177, 184, 188, 195, 198, 205, 206, 220, 226, 234, 237, 241, 249, 251, 257, 259, 263, 264, 272, 275, 277, 278, 281